GILBERT LUPFER · PAUL SIGEL

# WALTER GROPIUS

## 1883–1969

Prédicateur de la nouvelle forme

**TASCHEN**

© 2025 TASCHEN GmbH
Hohenzollernring 53, D–50672 Köln
**www.taschen.com**

Édition originale ▶ © 2006 TASCHEN GmbH

Traduction ▶ Bénédicte Abraham, Besançon

© VG Bild-Kunst, Bonn 2025, pour
Walter Gropius et Lucia Moholy

Printed in Slovakia
ISBN 978–3–8365–4433–7

Couverture ▶ Maisons des Maîtres du Bauhaus, Dessau, Allemagne, 1925–1926

Illustration page 2 et quatrième de couverture ▶ Walter Gropius devant son projet pour le concours organisé par le Chicago Tribune Tower, 1922

Illustration en haut ▶ Bureau de Walter Gropius au Bauhaus de Weimar. Isométrie de Herbert Bayer, 1923

# Sommaire

# Introduction

Un architecte qui ne sait pas vraiment dessiner mais connaît pourtant une brillante carrière ? Difficile à imaginer à une époque où le design assisté par ordinateur n'existait pas encore ! Walter Gropius, né à Berlin en 1883 et mort à Boston en 1969, fut pourtant cet architecte-là. Tirant le meilleur parti de son handicap – certes léger mais quand même fâcheux –, il fut tout à la fois un associé convaincu, un professeur fascinant, le génial directeur d'une école des beaux-arts, un créateur influent, ainsi qu'un brillant expert en relations publiques.

On ne peut comprendre ni expliquer l'architecture moderne sans connaître l'œuvre de Walter Gropius. Des œuvres telles que l'usine Fagus, le Bauhaus, les maisons des Maîtres de Dessau ou encore les cités de Dessau-Törten et de Karlsruhe-Dammerstock sont des constructions phares de l'architecture moderne, dont le rayonnement est encore vivace aujourd'hui. Le Bauhaus, que Gropius a fondé en 1919 et dirigé pendant une petite dizaine d'années, a plus qu'aucune autre institution au 20ᵉ siècle influencé l'architecture, le design, les arts décoratifs et, plus généralement, les normes esthétiques. Il est également remarquable que Walter Gropius fît, aux États-Unis où il avait émigré, une seconde carrière, tout aussi impressionnante et sensationnelle que la première. Avec Ludwig Mies van der Rohe, comme lui émigré et ancien directeur du Bauhaus, Gropius joua un rôle déterminant dans le triomphe que connut le « style international », expression par laquelle on désigne le mouvement moderne depuis l'exposition mémorable du même nom qui se tint au musée d'Art moderne de New York en 1932. Mais Gropius fut avant tout, dans les années d'après-guerre, le chef de file du TAC *(The Architects Collaborative)*, l'un des cabinets d'architecture les plus éminents et les plus réputés du monde occidental.

Dès sa naissance à Berlin le 18 mai 1883, Gropius était prédestiné à devenir architecte. Ses parents étaient tous deux issus de vieilles familles berlinoises aisées. Parmi les membres de sa famille, on compte des libraires *(Gropiussche Buchhandlung)* mais aussi le célèbre architecte Martin Gropius (1824 – 1880) qui, bien avant Walter, érigea le nom de Gropius en symbole. Son œuvre majeure est l'ancien musée des Arts décoratifs *(Kunstgewerbemuseum)* de Berlin, le *Martin-Gropius-Bau* (l'édifice Martin Gropius), qui sert aujourd'hui de lieu d'exposition.

Walter Gropius commença ses études d'architecture en 1903 à l'École technique supérieure de Munich et les poursuivit, à partir de 1905, à l'Éole technique supérieure de Berlin-Charlottenbourg mais il quitta l'université sans diplôme en 1907. C'est grâce à une lettre de recommandation de l'industriel et mécène Karl Ernst Osthaus, originaire de Hagen en Westphalie et fondateur du musée Folkwang, qu'il put entrer comme assistant et chef de chantier dans l'atelier de Peter Behrens. « Conseiller artistique » auprès de l'AEG *(Allgemeine Elektricitäts-Gesellschaft)*, Behrens était l'un des acteurs d'un mouvement de réforme artistique qui voulait établir un lien nouveau entre l'individualité artistique et la production industrielle de masse. Pour l'AEG, il construisit non seulement des bâtiments industriels remarquables tant par la forme que par la construction, tels que la halle de montage des turbines de Berlin-Moabit ou l'usine

**Le Bauhaus de Dessau**
Bâtiment des ateliers de la *Prellerhaus*.
Façade vue de l'est.

de moteurs de Berlin-Wedding, mais il se consacra également à la conception de tout ce qui devait s'y rattacher, du papier de correspondance commerciale à la lampe, destiné à la fabrication en grande série. Behrens développa ainsi pour l'AEG un design institutionnel et façonna l'image de marque du groupe industriel. Auprès de Behrens, Gropius se forma à la maîtrise de l'outil architectonique, mais il acquit également les bases de la commercialisation et apprit à concevoir plus largement, au-delà du simple travail architectural. Le cabinet de Behrens employait d'autres talents comme Ludwig Mies van der Rohe ou encore, mais plus tard seulement, Le Corbusier.

En 1910, Gropius s'installe à son compte à Potsdam-Neubabelsberg. Son principal collaborateur était Adolf Meyer (1881 – 1929), dont il avait fait la connaissance par l'intermédiaire de Behrens. « Simple » chef de bureau, Meyer ne jouissait pas des mêmes droits que Gropius qui, détenteur principal des parts sociales, s'occupait des acquisitions et de la représentation de l'entreprise à l'extérieur. Pourtant, le succès du cabinet ne serait imaginable sans Meyer, en particulier pour les toutes premières œuvres : l'usine Fagus et les bâtiments présentés à l'exposition du *Werkbund* (Union pour l'Œuvre, association d'artistes et d'industriels allemands) à Cologne. Meyer était en quelque sorte « l'alter ego » de Gropius. Leur étroite coopération, rarement interrompue, allait durer jusqu'en 1925. Tout au long de sa vie professionnelle, Gropius, qui ne savait pas dessiner, a été tributaire de collaborateurs qui mettaient ses idées en pratique. Mais il a su tourner ce handicap à son avantage en élaborant une méthode de conception discursive. Le projet prenait naissance au cours de réunions, Gropius fixait les lignes directrices tandis que ses collaborateurs – Adolf Meyer et, par la suite, Carl Fieger ou encore Ernst Neufert – esquissaient puis menaient les projets à leur plan final. L'importance que Gropius accorda toujours au travail d'équipe s'explique, en partie, par ce handicap personnel.

Walter Gropius n'était pas seulement éloquent dans sa méthode d'élaboration des projets, il accordait aussi une grande valeur aux exposés, aux articles et aux livres qu'il a su mettre au service de ses objectifs, tant comme architecte que comme professeur. Alors qu'il travaillait encore chez Behrens, Gropius avait, dès 1910, rédigé un « Programme pour la création d'une société générale d'architecture (à responsabilité limitée) sur une base artistique unifiée » qu'il soumit au directeur de l'AEG, Walter Rathenau. L'objectif fixé était d'appliquer à l'habitat les procédés industriels de fabrication, ce qu'il espérait notamment atteindre grâce à la standardisation de certaines parties des bâtiments. À l'époque, ce programme ne rencontra aucun succès, mais l'idée d'une standardisation et d'une normalisation, d'une « taylorisation » appliquée à l'architecture, n'allait cesser de poursuivre Gropius tout au long de sa carrière et influencer ses expériences, jusqu'à son projet de maisons préfabriquées en métal. La guerre empêcha Gropius d'exercer son métier d'architecte entre 1914 et 1918, mais grâce à la réputation qu'il avait déjà acquise, il se vit proposer dès 1914 une chaire de professeur à Darmstadt puis à Weimar en 1915/16. Dans l'immédiate après-guerre, il reprit son activité d'architecte. Certes, la période de l'après-guerre n'était pas des plus favorables pour de grands travaux de construction, mais nombreux étaient alors les jeunes architectes qui s'interrogeaient sur la mission artistique et sociale de l'architecture à une époque de bouleversements sociaux et de redéfinitions politiques. Ainsi, Gropius adhéra à la *Gläserne Kette*, association libre créée en 1919 à l'initiative de Bruno Taut et constituée d'architectes, d'artistes spécialisés dans les arts décoratifs et de critiques d'art qui communiquaient essentiellement entre eux par échange de

**Usine de montage de turbines AEG à Berlin-Moabit de Peter Behrens (1908/09)**
Gropius travaillait dans l'atelier de Behrens au moment de la réalisation de cet incunable de l'architecture industrielle moderne, mais il ne participa pas directement au projet.

lettres et d'esquisses d'utopies architectoniques. Cette association constituait l'un des plus importants forums où purent se développer des modèles d'architecture expressionnistes. Encore plus déterminante pour Gropius fut sa participation au *November-gruppe* (Groupe Novembre), ainsi qu'à l'*Arbeitsrat für Kunst* (Conseil de travail pour l'art), tous deux également fondés par Bruno Taut en décembre 1918. En collaboration avec des architectes et des artistes comme Otto Bartning, Rudolf Belling, Erich Mendelsohn ou encore Max Pechstein, Taut créa, dans le domaine des arts, un équivalent des conseils de travailleurs et de soldats – aussi fondés après la guerre – qui avait pour mission de réaliser la fonction politique de l'art au sein de la nouvelle société socialiste. Les limites d'une telle utopie ne tardèrent pas à se manifester et, après la démission de Taut, Gropius, qui était à la tête du Conseil depuis février 1919, reformula l'objectif du Conseil de travail pour l'art en le définissant comme « l'union de tous les arts sous l'aile du grand art architectural ». Un projet architectural symbolique, une métaphore désignant la synergie des arts sous l'égide de l'architecture : telle était la vision grandiose de Gropius qui aboutit, la même année, au projet de Manifeste du Bauhaus.

L'idée que Gropius se faisait du Bauhaus ne partait pas de rien. Nombreuses avaient été auparavant les écoles des beaux-arts et les écoles d'arts décoratifs qui avaient réfléchi à une réforme des arts et de la formation artistique. Faire coopérer les genres artistiques entre eux, mettre l'accent sur l'artisanat et rechercher un cadre de référence qui prenne en compte l'industrialisation de l'époque moderne, autant de préoccupations que Gropius partageait avec ses contemporains. Et c'est précisément à Weimar, ville où le Bauhaus s'installa à ses débuts, que l'on se mit à réfléchir, à l'École des arts décoratifs dirigée depuis 1907 par Henry Van de Velde, à une réforme des arts décoratifs et de l'architecture qui répondrait davantage aux exigences de la société industrielle. Le bâtiment que Van de Velde fit construire entre 1904 et 1911 pour y installer l'école est encore aujourd'hui cité comme exemple de son activité. En 1914, peu avant le début de la guerre, Van de Velde démissionna de ses fonctions à la suite de virulentes attaques à caractère nationaliste et proposa, pour lui succéder, outre les noms de Hermann Obrist et August Endell, également celui de Walter Gropius. Cependant, l'école fut fermée en 1915 mais, à Weimar, le nom de Gropius était sur toutes les lèvres ; il avait en effet été pressenti par le directeur de l'École des arts décoratifs, Fritz Mackensen, pour créer un nouvel atelier d'architecture qui devrait faire porter l'essentiel de son enseignement sur l'articulation entre l'architecture et les arts décoratifs. En 1916, alors qu'il servait toujours sous les drapeaux, Gropius présenta au grand-duché de Thuringe ses « Propositions pour la création d'un établissement d'enseignement qui constituerait pour l'industrie, les métiers et l'artisanat une société en conseil artistique ». Son argumentation reposait déjà sur l'idéal de l'atelier corporatiste du Moyen Âge qui devenait l'emblème et le modèle de la future institution. Après plusieurs années, Gropius fut nommé à l'unanimité au sein de l'École des beaux-arts. Mais il ne se limita pas au seul département qui lui avait été assigné. Lors de négociations ultérieures, il obtint la fusion de la *Kunsthochschule* (École des beaux-arts) et de la *Kunstgewerbeschule* (École des arts décoratifs) – laquelle venait de disparaître – pour fonder le *Staatliches Bauhaus in Weimar*, dont il devint directeur en avril 1919. Grâce à cette fusion et à la coopération avisée d'artistes, d'artisans et d'industriels, Gropius créa les conditions nécessaires à la poursuite d'une réforme des arts décoratifs ainsi qu'à la création d'une formation d'architectes rénovée de fond en comble.

**École des Beaux-arts de Weimar construite par Henry Van de Velde (1904 – 1911)**
C'est dans ce bâtiment que le Bauhaus, qui venait d'être fondé, commença à travailler en 1919.

**« Agrandissement de la *Prellerhaus* »**
Satire de la pénurie de logements au foyer
étudiant du Bauhaus de Dessau. Collage de
l'architecte Edmund Collein (1928).

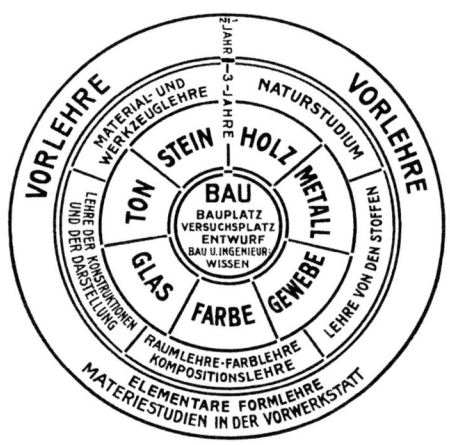

**L'enseignement au Bauhaus**
Schéma du cursus représenté par Walter Gropius
(1922). Au programme : l'articulation entre la
théorie et la pratique.

Dominant le projet global, la métaphore de « la construction collective » donna au Bauhaus, pendant ses premières années, un caractère expressionniste. C'étaient des « maîtres » et non des professeurs qui dispensaient les cours ; les étudiants ne se formaient pas aux exercices de style académiques hérités de la tradition mais travaillaient, au cours de la formation initiale, sur les particularités des matériaux et faisaient un apprentissage libre de la forme. L'enseignement était donc pluridisciplinaire, les études se divisaient en un cours élémentaire à caractère général, suivi, pendant plusieurs années, de cours de design. « L'objectif final » proprement dit, la « construction », fut certes intégré dans le premier cursus de formation, mais ce n'est vraiment qu'à partir de 1927 que le Bauhaus disposa d'un département d'architecture autonome. Le deuxième directeur, Hannes Meyer, l'élargit à un département central d'enseignement. Que le Bauhaus ait été l'une des écoles d'art les plus prestigieuses et soit même devenu synonyme de modernité classique est essentiellement dû à sa politique déterminée dans la nomination de son personnel. Quelques-uns des artistes les plus importants de la première moitié du 20e siècle travaillèrent, aux côtés de Lyonel Feininger, Oskar Schlemmer, Paul Klee ou encore Wassily Kandinsky, au projet du Bauhaus et influencèrent plusieurs générations d'étudiants. Mais c'est Johannes Itten, l'initiateur du cours élémentaire si essentiel dans la formation, qui influença durablement les premières années du Bauhaus. Son ésotérisme romantique et l'accent mis sur l'intuition comme donnée fondamentale de l'apprentissage contribuèrent à la nature expressionniste du Bauhaus des débuts. Ce n'est que sous la forte influence critique de l'artiste hollandais du mouvement *De Stijl*, Theo van Doesburg, en résidence provisoire à Weimar, qui insistait sur l'idée d'une abstraction « néoplasticienne », que le Bauhaus opéra une mutation significative en 1923. Plus que le caractère expressionniste, c'était la confrontation avec les réalités et les besoins de la société industrielle contemporaine qui devenait primordiale. « Art et technique, une nouvelle unité » : tel était, à partir de 1923, le mot d'ordre désignant la nouvelle orientation de l'école en faveur d'une plus grande rationalité. Itten quitta le Bauhaus en 1923 et fut remplacé par László Moholy-Nagy et Josef Albers.

À la même époque, les mouvements hostiles à l'encontre du Bauhaus se faisaient de plus en plus virulents dans la sphère politique. Si jusqu'alors, on avait observé une attitude distante à l'égard du caractère globalement utopique de l'institution et de l'ésotérisme occulte d'Itten, une forte opposition soutenue par la corporation des artisans de Thuringe s'était constituée au Parlement du Land depuis 1923 et voyait d'un mauvais œil l'orientation de l'école en faveur d'une standardisation et d'une coopération avec l'industrie. Dans ce contexte, la première grande exposition du Bauhaus, qui devait avoir lieu en 1923, n'était pas seulement destinée à clarifier sa position et à apporter la preuve de ses compétences, mais répondait directement aux exigences du Parlement du Land de Thuringe. L'architecture et la construction de lotissements constituaient, avec les arts décoratifs, l'art dramatique et la peinture murale, les points forts de l'exposition. Gropius organisa une Exposition internationale d'architecture qui inscrivait dans un contexte international les tendances à la rationalisation et à la standardisation. L'importance de ce contexte pour Gropius se retrouve également dans son appartenance au *Ring* (L'Anneau), association d'architectes allemands fondée en 1923 dont la mission consistait notamment à diffuser les ambitions, comparables à l'échelle internationale, de l'architecture moderne. À titre d'exemple, Gropius présenta

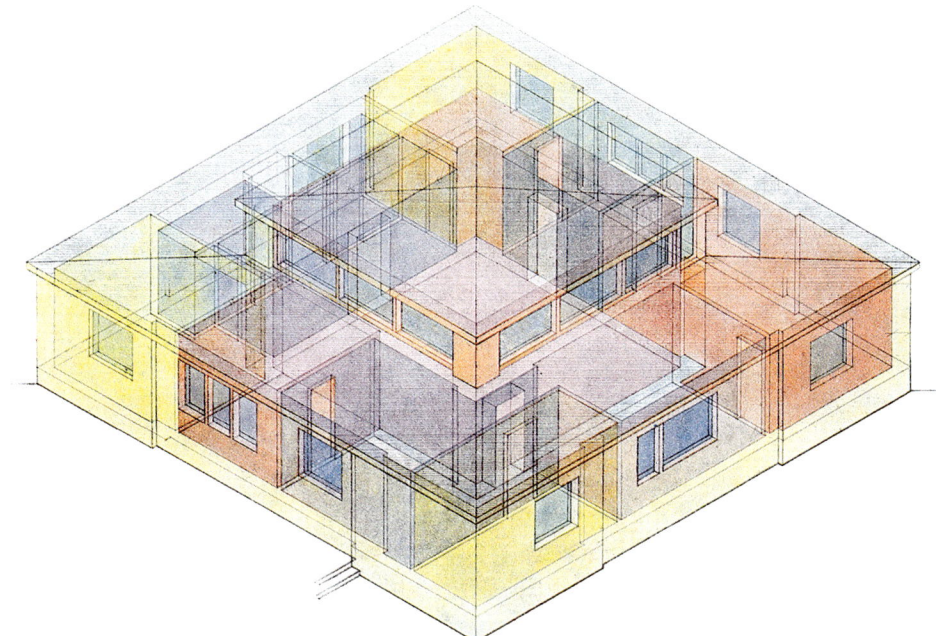

**La *Haus am Horn* à Weimar (1923)**
La seule construction du Bauhaus de Weimar fut réalisée par Georg Muche avec le soutien d'Adolf Meyer. Au centre de la maison, la salle de séjour, uniquement éclairée par des ouvertures zénithales. Isométrie de Benita Otte, étudiante du Bauhaus.

à l'exposition le projet d'un lotissement Bauhaus, qui devait être réalisé à Weimar. Il travaillait depuis 1922 à ce projet avec un groupe d'étudiants dans le cadre d'une « SARL lotissement Bauhaus », sous la direction de l'architecte hongrois Fred Forbát. Parallèlement, Gropius et Meyer mirent au point ce qu'ils appelèrent la *Baukasten im Großen* (boîte de construction grandeur nature) qui visait une standardisation maximale en développant une large palette de variantes possibles et devait constituer l'élément standard de « machines à habiter » dans le cadre d'une densification de l'habitat.

Ils conçurent des unités cubiques types en béton de laitier dont la vue en plan présentait une pièce centrale flanquée de différentes pièces annexes. La modularité des éléments standardisés devait permettre une combinaison d'assemblages très variée. Le projet du « lotissement Bauhaus » et celui de la « boîte de construction grandeur nature » furent présentés à l'exposition à l'aide de plans et de maquettes, mais ne purent être réalisés par manque de financement. La *Haus am Horn* construite à l'est de Weimar était la seule pièce exposée, sa construction ayant été rendue possible grâce à l'apport financier de l'entrepreneur en bâtiments berlinois, Adolf Sommerfeld. Conçu par l'étudiant Georg Muche, un seul prototype reprenant les plans de Forbát, avec la pièce centrale bordée des pièces annexes, vit le jour. La maison occupe une place importante dans l'histoire du Bauhaus, mais elle fut à l'époque vivement critiquée et Gropius lui-même prit sans peine ses distances par rapport à cette construction considérée comme un « travail d'étudiant ».

Entre-temps, l'école était devenue l'objet d'attaques toujours plus vives. Des cercles appartenant à la droite conservatrice, dont l'influence s'était renforcée depuis les élections au Parlement régional de 1924, cherchaient à saborder son travail. Les aides financières octroyées par le Land de Thuringe furent réduites de manière drastique et Gropius lui-même fut remercié en septembre 1925. Afin d'écarter la menace d'une fermeture, Gropius eut l'idée de transformer l'école en SARL, dont le capital de départ devait être fourni par les syndicats, Adolf Sommerfeld et par l'État. Mais le gouvernement du Land ne souhaitant en aucune manière soutenir davantage le Bauhaus, cette ultime tentative pour sauver l'école à Weimar échoua. Dans un premier temps, son transfert à Dessau offrit des perspectives de travail favorables, grâce au soutien de son maire Fritz Hesse et aux possibilités de coopération avec les industries de la région. À Dessau, outre le bâtiment du Bauhaus, les maisons des Maîtres, l'office du travail ou la cité Törten, une série de bâtiments virent le jour, qui sont entrés dans l'histoire de l'architecture comme les symboles de la modernité insufflée par le Bauhaus.

Gropius quitta le Bauhaus en 1928. Son premier successeur fut l'architecte suisse Hannes Meyer, puis Ludwig Mies van der Rohe prit la direction de l'École à partir de 1930. En 1932, les pressions politiques contraignirent le Bauhaus de Dessau à fermer ses portes. La dernière période de l'histoire de l'École, qui prend fin à Berlin en 1933, fut assombrie par la tournure dramatique que prirent les événements politiques et aboutit à la fermeture définitive de l'École à l'été 1933. Après avoir quitté le Bauhaus, Gropius travailla avec succès dans son cabinet d'architecture de Berlin. Il se concentrait désormais sur l'élaboration d'immeubles locatifs et de lotissements. Les questions relatives à la « taylorisation » de la construction, à la rationalisation et à la standardisation qui l'occupaient déjà à Dessau-Törten, constituent les thèmes récurrents de son œuvre autour de 1930.

L'arrivée au pouvoir du parti national-socialiste en janvier 1933 modifia radicalement les conditions de travail des architectes et des artistes en Allemagne, mais de nombreux représentants de la modernité espéraient pouvoir malgré tout poursuivre leur travail sous le nouveau régime. Alors que des architectes de gauche comme Bruno Taut ou le constructeur juif Erich Mendelsohn n'eurent bientôt d'autre solution que d'émigrer, d'autres comme Mies van der Rohe ou Gropius restèrent dans un premier temps en Allemagne. Mais leurs conditions de travail se dégradèrent très rapidement. À partir de 1933, tous les architectes étaient tenus de s'organiser au sein de la *Reichskulturkammer* qui dépendait directement du ministère de la Communication et de la Propagande dirigé par Josef Goebbels. L'objectif d'une *Gleichschaltung* (mise au pas) totale était atteint, il n'existait plus d'architecture échappant au contrôle de l'État.

L'attitude de Gropius face à cette nouvelle situation était ambivalente. D'une part, il était de ceux qui souhaitaient conserver une certaine marge de manœuvre dans leur travail et avaient par exemple protesté contre la « mise au pas » du *Werkbund*, mais d'autre part, il entrevoyait clairement la chance de diffuser le rationalisme d'une fonctionnalité objective comme forme d'expression du régime national-socialiste. Dans un courrier de juin 1934 adressé au président de la *Reichskulturkammer*, il insiste sur le caractère profondément allemand de la modernité architecturale. Cette prise de position rencontra un certain écho, même auprès de la sphère culturelle, et le journaliste Alfons Leitl, spécialisé dans le domaine de l'architecture, déclara qu'il y avait, certes, un nouveau contenu national-socialiste de l'architecture, mais que « rien [n'était] dit sur la forme ». En mai 1933, le critique Bruno Werner alla même jusqu'à qualifier des artistes comme Mies van der Rohe de « représentants du fascisme dans l'art ». En référence au rôle des rationalistes dans le fascisme italien, on espérait voir la modernité allemande appréciée de la même façon. Or, bien que dans ses discours portant sur la politique culturelle, Joseph Goebbels ne se soit pas prononcé sur le *Neues Bauen*, suscitant ainsi certains espoirs, il s'avéra, dès 1934, que le changement radical survenu en politique ne faisait aucune place à la modernité dans le domaine de l'architecture figurative.

Dès les années 1932/33, Gropius avait effectué plusieurs séjours en Angleterre où il entretenait des relations avec la famille Elmhirst à Dartington Hall. Cette dernière

*Baukasten im Großen* (1922/23)
Projet de Gropius et Adolf Meyer, proposant de combiner entre eux différents éléments standardisés pour la production industrielle de maisons d'habitation : « des boîtes de construction grandeur nature que l'on peut assembler différemment en fonction du nombre de personnes et des besoins des habitants » (Gropius dans la note explicative).

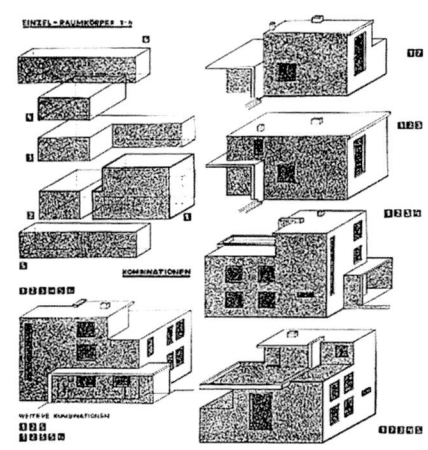

était prête à lui accorder son soutien financier pour recréer le Bauhaus en Angleterre. Le projet ne se réalisa pas, mais Gropius partit pour Londres en 1934. Il y travailla jusqu'en 1937 dans un cabinet collectif aux côtés de Maxwell Fry, un jeune architecte anglais des plus notables. S'installer en Angleterre ne signifiait pas pour Gropius émigrer mais représentait simplement un transfert provisoire de son champ d'activités. Ses liens avec l'Allemagne et l'espoir qu'il conservait d'y obtenir des missions de grande envergure sous le régime national-socialiste étaient encore solides. Par ailleurs, il reçut en Angleterre des offres attrayantes comme le projet d'un ensemble d'immeubles à Windsor, qui ne fut finalement pas exécuté. La villa de Ben Levy, bâtie dans le quartier Chelsea de Londres, compte parmi les constructions les plus remarquables que Gropius réalisa en Angleterre.

Mais en dépit de ces commandes ponctuelles, l'architecte Gropius ne rencontra pas de réel succès en Angleterre. Durant toute cette période, il poursuivit aussi son activité de publications, déjà si essentielle en Allemagne. Son ouvrage intitulé *The New Architecture and the Bauhaus* (1935) contribua dans une large mesure à promouvoir

**Service à thé TAC, 1969**
Le modèle porte le nom du bureau d'architecture fondé par Gropius aux États-Unis *(The Architects Collaborative)*. Par sa conception synthétisant différentes formes géométriques élémentaires, le design du service rappelle certains modèles d'objets avant-gardistes élaborés par le Bauhaus dans les années 1920.

la modernité architecturale sur la scène internationale – et surtout la participation de Gropius dans ce mouvement. Cet engagement devint de plus en plus important pour Gropius qui voyait s'affaiblir ses chances de revenir un jour en Allemagne. Lorsque Joseph Hudnut, doyen de la Graduate School of Design au sein de la prestigieuse Université Harvard à Cambridge (Massachusetts) le contacta, Gropius vit s'ouvrir des perspectives neuves et prometteuses. En avril 1937, il entra dans ses fonctions de professeur à Harvard et fut nommé dès l'année suivante directeur du département d'architecture. Il conserva cette position jusqu'à l'obtention de son titre de professeur émérite en 1952. Marcel Breuer (1902 – 1981) était un de ses principaux collaborateurs. Gropius l'appela auprès de lui à Harvard en 1938 pour y occuper un poste de professeur associé et collaborer avec lui dans un cabinet d'architectes.

En toute logique, l'œuvre de Gropius fut elle aussi placée sous le signe du travail collectif. En décembre 1945, il fonda un bureau à Cambridge, *The Architects Collaborative* ou TAC, qui devint l'un des cabinets d'architectes les plus prestigieux au

monde. Jean Bodman Fletcher, Norman Fletcher et, par intermittence, Ieoh Ming Pei comptaient au nombre des principaux collaborateurs de Walter Gropius. Le très grand nombre de projets qui y furent conçus ne permettait plus guère de distinguer le style personnel de Gropius, mais le TAC contribua à la diffusion d'une modernité qui ne cessait d'évoluer et fixa les normes relatives à l'organisation du travail, aujourd'hui encore en vigueur dans les grands cabinets d'architecture du même type.

# 1911 – 1925 ▸ Usine Fagus
### Hannoversche Straße, Alfeld an der Leine

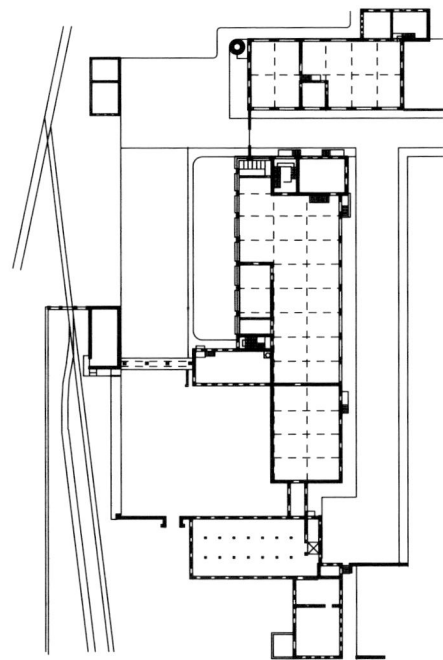

**Plan d'ensemble**

**Entrée du bâtiment central**
Par ses remarquables angles vitrés, la construction procure une impression de légèreté. C'est grâce à cette configuration des éléments utilisée pour le bâtiment administratif de l'usine Fagus à Alfeld, si essentielle pour l'évolution ultérieure de l'architecture moderne, que Gropius entra dans l'histoire de l'architecture.

Avec les travaux qu'il effectua pour Carl Benscheidt, le fabricant d'embauchoirs d'Alfeld, Gropius réalisa les premières constructions qui fondèrent sa réputation comme architecte indépendant. La coopération entre l'industriel et l'architecte donna lieu à l'une des réalisations les plus remarquables de la modernité du début du 20e siècle. Sur une période de plus de dix ans, de 1911 à 1925, le cabinet d'architecture de Gropius bâtit dans cette petite ville de Basse-Saxe un complexe comprenant plusieurs corps de bâtiments, des bâtiments ayant fait l'objet de modifications ou d'ajouts, dont l'élément central est incontestablement le bâtiment administratif avec ses impressionnants angles en verre.

Déjà lorsqu'il travaillait pour Peter Behrens, Gropius avait été diversement confronté au problème de la maîtrise artistique d'une mission architecturale dans le domaine du bâtiment industriel. Les bâtiments que Behrens avait construits pour l'AEG. à Berlin, en particulier la halle de montage des turbines de 1908/09 ou la halle des moteurs de 1910 – 1913, témoignent de son ambition de conférer à l'ensemble du domaine de la production industrielle et de sa configuration un caractère esthétique et majestueux. Behrens s'était imposé au sein du *Deutscher Werkbund*, créé en 1907, comme l'un des instigateurs d'une vision plus globale du site, qui aurait plus particulièrement intégré la production industrielle. C'était surtout le problème de la maîtrise esthétique de la construction en tant que catégorie fondamentale de l'architecture, qui était au cœur de ces missions architecturales. Behrens cherchait à articuler entre elles la visibilité du bâtiment et l'exigence spécifique de monumentalité, ce que Gropius devait vivement critiquer quelques années plus tard. Pour lui, les façades de Behrens ne donnaient pas l'impression d'être véritablement « réelles », au sens de la clarté de la construction, mais étaient plutôt l'objet de « manipulations esthétiques ». La façade principale de la halle de montage des turbines, avec ses poteaux d'angle en pierre, ne révèle que « l'image » d'une logique de construction monumentale et dissimule la structure réelle constituée par les portants en fer situés derrière la façade.

Les expériences que le jeune architecte fit dans l'atelier de Behrens furent à l'origine de son intérêt inaltérable pour l'architecture industrielle. Le passage d'une « forme technique » à une « forme artistique » adaptée aux exigences esthétiques de l'ère industrielle restera toujours l'un des aspects essentiels de l'art de la construction tel que Walter Gropius le concevait. Certes, il fallait donner à l'architecture industrielle une forme monumentale, mais il fallait lui conférer dans le même temps une forme objective en relation avec sa logique constructive et fonctionnelle. L'esthétique de la forme technique qui caractérisait déjà depuis la seconde moitié du 19e siècle, la construction des halls de gare, des édifices destinés aux expositions universelles, comme celle des nombreux bâtiments industriels anonymes, constitua le point de départ d'une quête en faveur de la modernité architecturale au 20e siècle.

Bien que le maître de l'ouvrage d'Alfeld, Carl Benscheidt, en concertation avec Eduard Werner, originaire de Hanovre, eût déjà mandaté un autre architecte pour réaliser ce projet de site industriel, Walter Gropius, que son beau-frère avait présenté à

**Ancien entrepôt de séchage de l'usine Fagus**
Il est aujourd'hui utilisé pour la présentation de
l'exposition retraçant l'histoire de l'entreprise.

Page de droite, en haut :
**Vue de l'angle vitré de bâtiment**
La façade du bâtiment principal montre la
structure régulière obtenue par l'alternance
des piliers et des pans de verre. Outre l'effet
de légèreté du bâtiment obtenu par les larges
surfaces vitrées, c'est essentiellement
l'association du verre, de la brique et du métal
qui lui confère son esthétique caractéristique.

Page de droite, en bas :
**Détail des fenêtres et des escaliers**

Benscheidt, parvint quand même à convaincre le maître de l'ouvrage d'envisager ce projet architectural comme un vaste projet artistique. Pour convaincre Benscheidt de son approche architecturale et de ses implications culturelles, Gropius compléta les nombreuses discussions et esquisses préliminaires par une conférence qu'il tint en avril 1911, sur l'invitation de son promoteur Karl Ernst Osthaus au musée Folkwang à Hagen, sur le thème « Art monumental et architecture industrielle ». Il y avançait comme postulat que « la vie moderne [a besoin] de nouveaux édifices architecturaux qui soient adaptés aux modes de vie de notre époque. Les gares, les magasins, les usines demandent à exprimer une modernité qui leur est propre et ne sauraient, sans tomber dans le schématisme creux et la mascarade historique, se fondre dans le style des siècles précédents. [...] L'exactitude de la forme, exempte de tout hasard, la netteté des contrastes, l'organisation des différentes parties, l'alignement d'éléments semblables, l'unité de la forme et de la couleur constituent les fondements pour la rythmique de la création architecturale moderne ». Gropius insistait sur la dimension sociale d'une esthétique adaptée à l'architecture industrielle en réclamant des « palais pour les ouvriers » qui leur apportent non seulement « lumière, air et pureté », mais fassent aussi parvenir jusqu'à eux « un peu de la dignité de cette grande idée commune ». À son tour, l'entrepreneur « qui calcule au plus près » serait sensible au « sentiment de beauté originelle » et il lui faudrait reconnaître que « la motivation au travail croît avec le sentiment de satisfaction de chaque ouvrier et avec lui, la productivité de l'entreprise ».

Pour illustrer ses propos, Gropius présenta à l'auditoire des bâtiments industriels et des entrepôts anonymes mais aussi ses premiers plans pour l'usine d'embauchoirs d'Alfeld, ce qui était un évident clin d'œil à l'adresse de Benscheidt.

Lorsque Gropius reçut la commande en mai 1911, il lui fallut s'en tenir à la disposition en plan initial d'Eduard Werner et concentrer ses efforts sur l'étude artistique approfondie du bâtiment. Cela signifiait concrètement que la participation de Gropius et de son collaborateur Adolf Meyer à ce projet portait essentiellement sur le dessin des façades et des espaces intérieurs. L'aspect extérieur du bâtiment de bureaux construit sur trois étages avec un toit en terrasse, dont les murs ont disparu pour être remplacés par de larges surfaces vitrées, est entré dans l'histoire de l'architecture comme l'une des caractéristiques les plus remarquables de la modernité. L'ossature en acier avec sa charpente porteuse permettait de libérer les parois extérieures, et surtout les angles du bâtiment, de leur fonction porteuse, de telle sorte que toutes les façades purent être construites indépendamment des aspects statiques du bâtiment. Des piliers étroits et fins, légèrement en retrait et recouverts d'un parement de briques, structurent la façade. Entre chaque pilier, des châssis métalliques s'étendent sur les trois étages du bâtiment. À l'intérieur de cette disposition, des surfaces vitrées, partagées par de fins croisillons métalliques, alternent avec des surfaces métalliques pleines, soulignant ainsi la division en étages. Ce sont surtout les surfaces en verre des angles qui montrent, de manière presque ostentatoire, la logique constructive

19

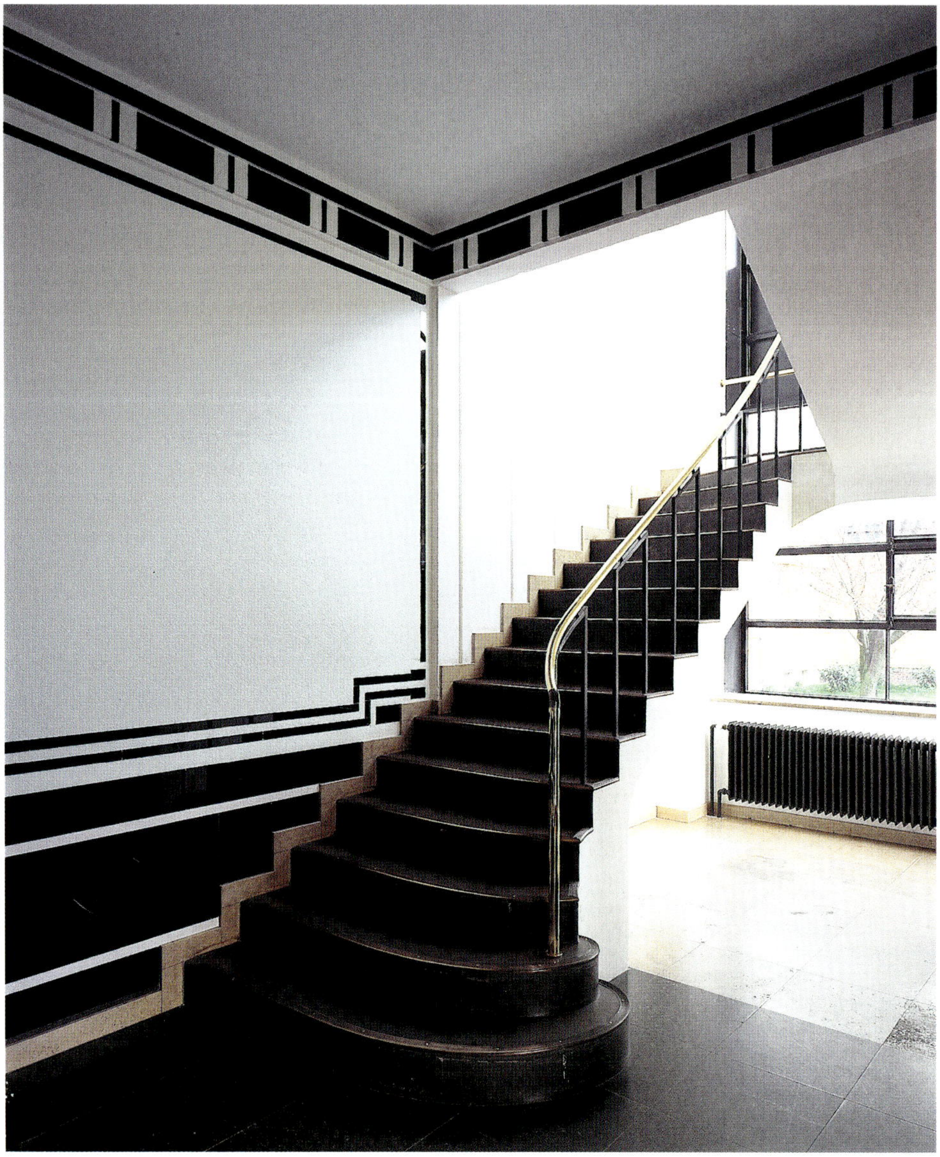

**Foyer du bâtiment central**
Le mur de la cage d'escalier, austère, presque classique, souligne la haute ambition formelle de l'usine Fagus.

**Production d'embauchoirs à l'usine Fagus**

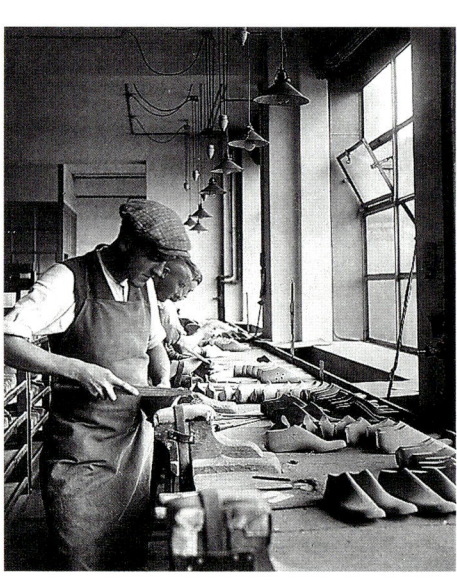

de la structure porteuse en retrait, et témoignent des possibilités esthétiques du mur-rideau : la légèreté optique que créent les grands pans de verre semble contredire toute tectonique traditionnelle et est devenue l'une des stratégies principales de la configuration esthétique de l'architecture. De 1913 à 1914, le bâtiment administratif fut agrandi d'après les plans de Gropius, donnant ensuite naissance à la barre de bâtiments avec sa cage d'escalier asymétrique, qui caractérise encore aujourd'hui la vue d'ensemble.

D'autres mesures de construction furent prises après la fin de la Première Guerre mondiale et restèrent en vigueur jusqu'en 1925, sans qu'elles modifient pour autant le caractère éminemment esthétique et dépouillé du bâtiment. On pourrait se demander si, avec cette première œuvre, Gropius a laissé un exemple de construction pure à la fonctionnalité évidente. L'ensemble du système porteur et la toiture constituèrent un problème majeur en raison des travaux d'assainissement répétés qu'ils exigeaient. Les encadrements des fenêtres rouillaient vite, l'isolation du bâtiment était nettement insuffisante. Mais si l'on considère le bâtiment d'un peu plus près, il apparaît clairement que Gropius mit subtilement en évidence la plus-value esthétique de son

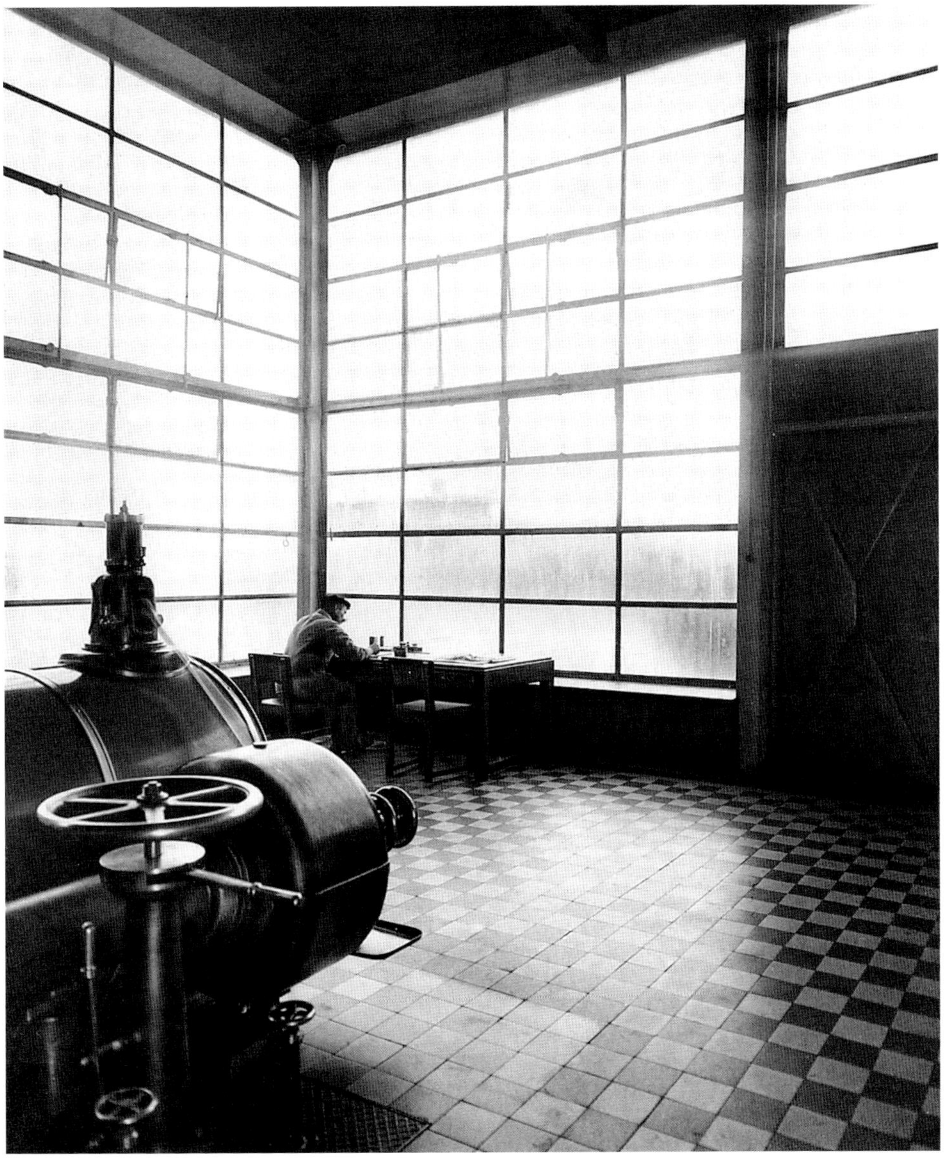

Vue à l'intérieur de la halle des machines de l'usine Fagus

Vue dans un atelier de l'usine Fagus

projet. La succession régulière de panneaux de verre et de piliers rappelait la régularité rythmique du système porteur des édifices de l'Antiquité classique. L'opposition entre des surfaces murales pleines et des parois vitrées transparentes contribuait à donner une intensité aux différents éléments selon un mouvement réciproque. Les masses voûtées de l'entrée principale suggéraient une profondeur plastique qui contrastait avec la légèreté des angles vitrés des bâtiments. L'édifice illustre aujourd'hui encore de façon remarquable et comme aucun autre projet architectural de la même époque, à la veille de la Première Guerre mondiale, l'ambition, le potentiel et la problématique d'une modernité fonctionnelle se développant à partir de la construction elle-même.

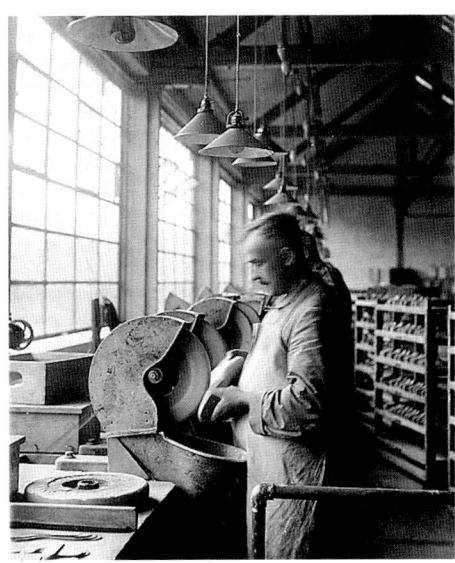

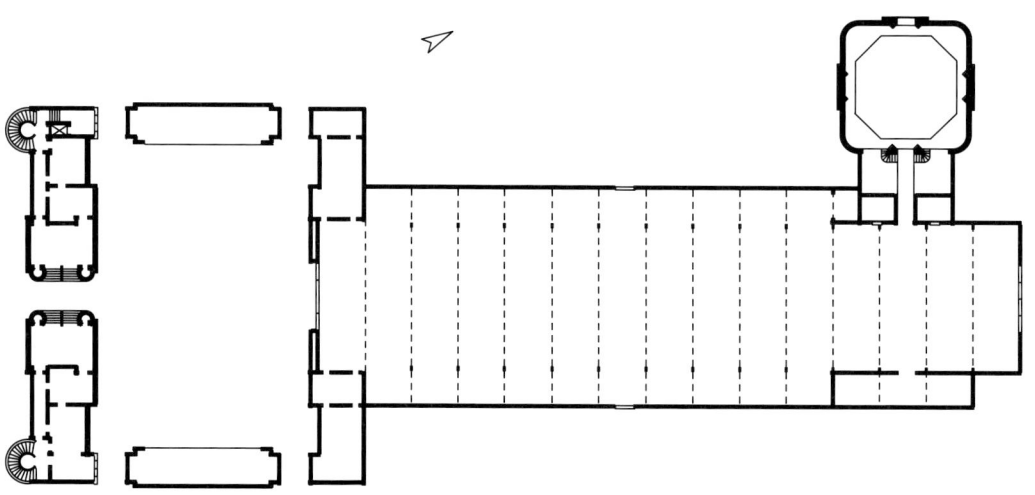

# 1914 ▸ Bureaux et usines
### Exposition du *Werkbund* ▸ Cologne

**Le côté cour du bâtiment**
Le mur-rideau en verre forme un formidable contraste avec la monumentalité cubique du bâtiment central.

**Vue en plan de l'ensemble du complexe**

Incontestablement, Gropius s'était fait un nom avec les constructions d'Alfeld. À peine deux ans plus tard, il réussit un autre tour de force : en 1913, toujours par l'intermédiaire de son promoteur Karl Ernst Osthaus, Gropius fut chargé de construire un bureau et une usine représentatifs de son art à l'occasion de la grande exposition du *Deutscher Werkbund*, qui devait avoir lieu à Cologne en 1914. L'importance de cette mission ne doit pas être sous-estimée, car c'est grâce à elle que Gropius s'assura une position éminente au sein du corps des architectes allemands. Il réalisa un ensemble de bâtiments parmi les plus remarquables d'une exposition « destinée à faire la preuve des compétences de l'industrie et de l'artisanat », et qui représentait aussi un forum susceptible de permettre au cabinet de Gropius, encore jeune, de se faire connaître. À l'exposition de Cologne, le *Werkbund* eut pour la première fois l'occasion de présenter ses idées et ses objectifs. Fondée en 1907, cette organisation regroupait des architectes, des artisans et des industriels, qui avaient comme objectif commun l'augmentation qualitative globale de la production industrielle et artisanale afin d'obtenir une optimisation esthétique et fonctionnelle des produits industriels allemands sur le marché international. À côté de Gropius qui avait rejoint le *Werkbund* en 1910, des architectes comme Henry Van de Velde avec la construction d'un théâtre, Josef Hoffmann et son pavillon autrichien ou encore Bruno Taut et son merveilleux pavillon de verre, devenu si célèbre, s'imposèrent à l'exposition de Cologne. L'exposition était aussi un lieu où la position controversée du *Werkbund* sur le lien entre production industrielle et individualité artistique pouvait s'exprimer. Alors que l'architecte Hermann Muthesius défendait l'idée d'une standardisation adaptée aux besoins de l'industrie, un groupe s'était formé derrière Henry Van de Velde pour protester contre l'atteinte à la liberté artistique qu'une telle idée impliquait. Gropius s'associa à cette critique et insista – ce qui peut tout d'abord surprendre quand on connaît les propos qu'il tint plus tard, lorsqu'il dirigeait le Bauhaus – sur le devoir de création personnelle qui incombe à l'architecte en quête d'une expression adéquate de la modernité.

Bien que la construction proprement dite de l'usine de Cologne ne fût pas conçue par Gropius lui-même mais ait été présentée, dès 1913, à l'occasion de l'exposition architecturale de Leipzig, Gropius parvint une fois de plus, grâce à la disposition des différentes parties du bâtiment, mais surtout grâce au dessin des façades, à réaliser un site représentatif qui alliait monumentalité et signes distinctifs de la modernité architecturale. Comme il l'avait déjà énoncé en 1911, dans une communication intitulée *Monumentale Kunst und Industriebau* (Art monumental et architecture industrielle), la construction présentée à Cologne associait un ordonnancement clair des éléments à l'alignement en série, configuration qui avait selon lui la particularité de revêtir une noblesse quasi atemporelle et en même temps de traduire la société industrielle contemporaine. En fait, la conception symétrique de la cour, composée d'un bâtiment d'entrée et d'un bâtiment de bureaux, avec une halle abritant les machines située à l'arrière, et différents bâtiments et espaces annexes, ses façades pleines en verre et en briques clairement différenciées, de même que son bâtiment d'entrée en forme de

pylône, rappelaient certaines caractéristiques des édifications de la Mésopotamie ou de l'Égypte ancienne, sans pour autant faire concrètement référence à l'histoire. L'influence de Behrens y était encore perceptible. On y décelait par ailleurs la référence à un architecte américain contemporain, Frank Lloyd Wright, dont l'œuvre fut publiée en Allemagne pour la première fois en 1910, et qui exerça une forte influence sur un grand nombre de jeunes architectes. C'était surtout la construction cubique, la variété des matériaux utilisés, et l'équilibre subtil des éléments porteurs et des éléments de front qui rappelaient les travaux de Wright d'avant la Première Guerre mondiale. Par ailleurs,

**La façade de l'entrée**
L'ensemble donnait avant tout l'impression d'une juxtaposition de lourdes masses architecturales. Seules les tours en verre des escaliers situées dans les angles formaient un contraste radicalement moderne. Au premier plan, on reconnaît une fontaine conçue par Georg Kolbe, qui a été intégrée dans la configuration artistique d'ensemble de l'usine modèle.

**La halle des machines**
Dans la cour, cette construction constituait un contrepoint au bâtiment des bureaux. Les murs qui entourent la construction en parpaings donnaient au fronton, largement vitré, un caractère monumental.

**Dessin en perspective de l'ensemble du complexe**
À gauche, le pavillon de l'usine de moteurs à gaz Deutzer.

les tours des escaliers d'angle, entièrement vitrées, de même que le mur-rideau situé côté cour du bâtiment de bureaux, soulignaient nettement les caractéristiques d'une esthétique architecturale moderne, comme le faisait déjà l'usine Fagus.

Ce caractère monumental de la construction se retrouve encore dans la halle des machines, dont la construction en parpaings n'était pas complètement vitrée mais partiellement fermée par un mur sur le pignon de la façade avant, ce qui créait ici encore un fort contraste entre les surfaces et les matériaux et conférait à l'ensemble une importante matérialité. Une synthèse du même ordre, entre monumentalité et esthétique appliquée à l'architecture, caractérisait aussi le pavillon en verre de la *Deutzer Gasmotorenfabrik* (usine de moteurs à gaz), construit à côté du bâtiment d'usine, et qui avait lui aussi été conçu par le cabinet de Gropius. Si, dans le cas de l'usine Fagus, la représentation des potentialités esthétiques de la construction demeure discrète et au fond plus radicale, Gropius donne, avec les bâtiments exposés à Cologne, des signes plus évidents de représentation monumentale. Exposées au sein même du bâtiment de bureaux ou alentour, les nombreuses fresques et œuvres plastiques de Georg Kolbe, Richard Scheibe ou encore de Gerhard Marcks venaient encore souligner la forte ambition artistique de l'usine modèle. Dans un premier temps, on conserva cette création, mais elle fut détruite après la Première Guerre mondiale. Même si, contrairement à l'usine Fagus, la construction de Cologne a été accueillie avec une certaine réserve par les historiographes, en raison de sa monumentalité représentative, elle n'en reste pas moins un exemple très parlant de la recherche de Gropius d'une synthèse entre fonctionnalité adaptée, transparence de la construction architecturale et grandeur monumentale.

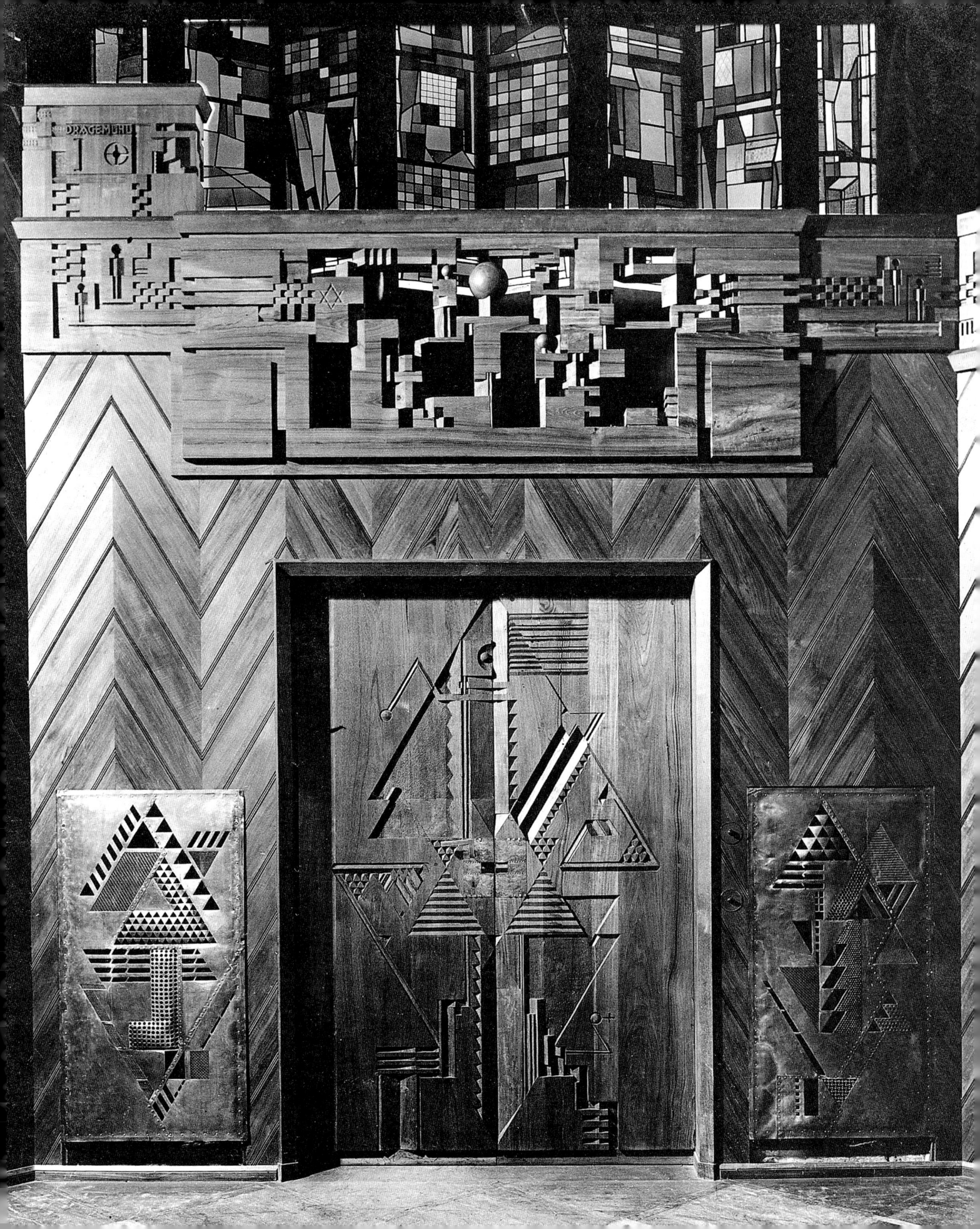

# 1920 – 1921 ▸ Villa Sommerfeld
## Limonenstraße, Berlin

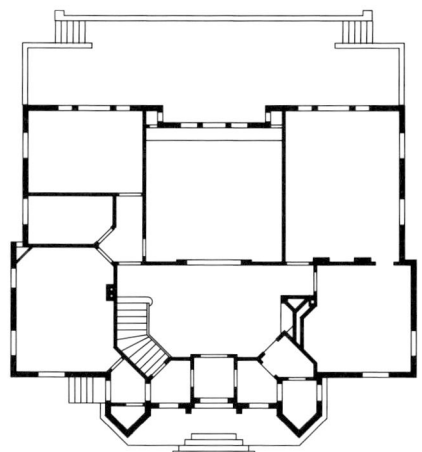

**Vue en plan**

**Vue complète de la maison**
Avec ses lignes horizontales soulignées par les poutres et les avant-toits, la façade de l'entrée de la maison constituée d'un seul bloc témoignait de l'influence très nette de Frank Lloyd Wright et de ses Prairie Houses.

Ce furent des idées expressionnistes pures, puisées aux sources utopiques des programmes politico-culturels de l'immédiat après-guerre, qui menèrent Gropius à son projet de fonder à Weimar le Bauhaus, une école d'art ayant comme principal dessein la coopération de tous les arts sous l'autorité de l'architecture. « L'objectif final de toute activité artistique est la construction » : ainsi s'ouvrait le Manifeste du Bauhaus, publié à l'occasion de la création de l'École en avril 1919, et dont la gravure sur bois de Lyonel Feininger ornant le frontispice représentait une cathédrale d'inspiration gothique créée selon la technique expressionniste de l'éclatement. Comme dans l'atelier corporatiste du Moyen Âge *(Bauhütte)*, l'organisation de l'art à l'époque contemporaine devait aussi abolir la séparation entre les genres artistiques, comme entre les artistes et les artisans, et faire de l'œuvre collective sa priorité.

Alors que le travail architectural proprement dit effectué dans la sphère du Bauhaus se limita d'abord essentiellement à des projets de base et à une maison modèle réalisée à l'occasion de l'exposition Bauhaus de Weimar en 1923, Gropius poursuivit son activité dans son cabinet d'architectes en y associant de nombreux artistes travaillant au projet du Bauhaus, également en dehors de Weimar. Comme le cas s'était déjà

présenté avant la guerre, ce fut encore un industriel qui aida Gropius à obtenir de nouvelles missions. En 1920, le cabinet de Gropius élabora un projet de maison individuelle pour Adolf Sommerfeld, patron d'une scierie et entrepreneur en bâtiments à Berlin qui, tout au long des années suivantes, et plus particulièrement en 1923, année de l'exposition du Bauhaus, ne cessa de soutenir Gropius.

Pour présenter ce que l'entreprise de Sommerfeld effectuait dans la construction privée, on bâtit une résidence en bois sur un socle en pierre à Berlin, Limonenstraße 30. Une fois de plus, les matériaux – Sommerfeld avait racheté le bois de démolition

**Intérieur du hall d'entrée**
De nombreux ouvrages sur bois, comme la porte d'entrée ou les cache-radiateurs, furent réalisés par l'architecte Joost Schmidt.

**Hall d'entrée, vue de l'escalier**
Les motifs en relief et les éléments découpés de la cage d'escalier mettent particulièrement en évidence le caractère expressionniste de la villa Sommerfeld. Les meubles conçus par Marcel Breuer contribuaient à adoucir la configuration de la pièce.

**Façade arrière du bâtiment**
Le contraste entre le soubassement en pierre et l'ossature en bois est nettement mis en évidence.

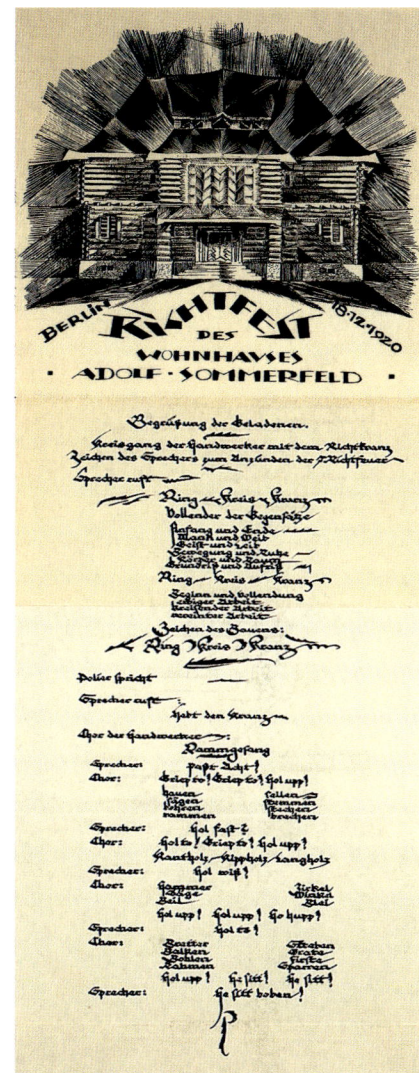

d'un bateau – mais également l'aspect massif de la construction et l'accent mis sur les lignes horizontales faisaient penser aux modèles américains de Frank Lloyd Wright, en l'occurrence à ses *Prairie Houses*. Gropius développa dans un essai une argumentation en faveur du bois comme « matériau de construction peu onéreux et facile à travailler ». Il avançait là des idées qu'il n'allait cesser d'approfondir tout au long de sa carrière et qu'il développa plus particulièrement lorsqu'il collabora plus tard, avec Konrad Wachsmann, au projet de ce que l'on a appelé les *Packaged Houses*, ces maisons constituées de panneaux en contreplaqué. De nombreux détails, comme le découpage et le relief des éléments de façade, faisaient référence au langage formel de l'expressionnisme. L'aménagement intérieur de la maison fut le premier grand travail collectif du Bauhaus. Outre Joost Schmidt, responsable de la conception de la charpente en bois, ou Josef Albers qui avait réalisé les fenêtres, Marcel Breuer, par exemple, apporta également sa contribution comme designer de meubles. On peut considérer cette maison comme le modèle idéal d'un projet artisanal collectif de la première période du Bauhaus. Cette pièce unique a disparu dans les bombardements de la Seconde Guerre mondiale et seul le bâtiment du garage témoigne encore aujourd'hui de ce projet pionnier du Bauhaus.

À gauche :
**Terrasse**

À droite :
**Programme de la cérémonie d'inauguration de la villa Sommerfeld, le 18 décembre 1920**
L'impression d'éclatement et de réfraction de la lumière que produit la gravure sur bois de Martin Jahn souligne le caractère expressionniste et futuriste de la villa.

**Monument pour les victimes du putsch de mars 1920 à Weimar**

C'est ici que Gropius réalisa son œuvre expressionniste la plus stupéfiante. La construction se présente sous la forme d'une sculpture piétonnière qui offre un éventail d'évocations allant de la stratification géologique à la tension électrique.

La seule trace architecturale d'envergure que Gropius laissa dans la première ville qui accueillit le Bauhaus se trouve au cimetière de Weimar. À la demande du *Gewerkschaftskartell* (cartel des syndicats) de Weimar, un monument conçu par le cabinet de Gropius, après un concours préalable, fut érigé entre 1920 et 1922 en hommage aux ouvriers tombés lors du coup d'État de Kapp de 1920. La tentative de putsch contre la jeune démocratie allemande, orchestrée en mars 1920 par la droite conservatrice dirigée par Wolfgang Kapp, se conclut par un échec en raison de nombreuses grèves et autres résistances. On eut cependant à déplorer un grand nombre de victimes à l'échelle du Land, ainsi qu'à Weimar même. Au sein du Bauhaus, d'importants groupes d'étudiants critiquèrent ouvertement la tentative de putsch et se solidarisèrent avec les positions socialistes. Gropius recommanda d'adopter une attitude politique neutre, mais il accepta de participer à la fin de l'année 1920 au concours s'adressant aux artistes de Weimar. Sur la base d'une esquisse réalisée en hâte par Gropius et d'une maquette fabriquée par Fred Forbát, une sculpture en béton abstraite vit le jour peu de temps après. Autour d'une promenade intérieure s'élève, sur trois côtés, une forme éclatée en plusieurs endroits et très découpée – dans la droite ligne du langage formel des expressionnistes – qui semble surgir du sol ou s'y enfoncer.

La conception constitutive du Bauhaus dans ses premières années à Weimar, qui aspirait à faire un *Gesamtkunstwerk* (œuvre d'art collective), manifestait des traits éminemment expressionnistes. Vers les années 1918/19, Gropius avait lui aussi cherché résolument à se rapprocher des formations artistiques expressionnistes. Son appartenance à la *Gläserne Kette* (Chaîne de verre), créée à l'initiative de Bruno Taut en 1919 ainsi qu'au *Arbeitsrat für Kunst* (Conseil de travail pour l'art), fondé en 1918/19, illustre son souci, dans ces années-là, de participer aux collectifs d'artistes qui partageaient la même vision du rôle majeur que l'art aurait à jouer dans la société à venir. L'impression que produisit une ébauche de monument, esquissée par Karl Schmidt-Rottluff dès l'année 1919 – du reste, au contenu indéterminé –, de même qu'un grand nombre d'autres ébauches expressionnistes, serviront probablement de modèles pour la conception du monument de Weimar. Les visions utopiques d'une architecture cristalline, telles qu'elles avaient été développées par les artistes de la Chaîne de verre, semblent ici avoir été coulées dans du béton.

Le contenu symbolique du monument de Weimar suggérait des images et associations d'idées allant des failles géologiques à la matérialisation d'une décharge électrique, de la menace à la révolte déchaînée. L'interprétation ambivalente que suscitait le haut degré d'abstraction du monument fut vivement critiquée par les contemporains ; l'adversaire politique estima cependant, sans ambiguïté et à juste titre, que le monument constituait une expression positive de la résistance aux courants politiques de droite. Le monument fut détruit en 1933, peu après la prise du pouvoir par le parti national-socialiste, et reconstruit en 1946 sous une forme légèrement modifiée.

Première de couverture de la brochure publiée à l'occasion de l'inauguration du monument, le 1er mai 1922

# 1922 ▸ Chicago Tribune Tower
## Concours d'architecture ▸ Chicago

**Le Chicago Tribune (à droite) de Hood et Howells**
Le projet de Gropius et Meyer, comme ceux des autres représentants du mouvement moderne en architecture, ne fut pas retenu. C'est la proposition de Raymond Hood et John Mead Howells, avec le sommet d'inspiration gothique, qui fut réalisée entre 1922 et 1925. Comparé à l'édifice, le projet de Gropius et Meyer se distingue par sa modernité radicale.

**Projet du Chicago Tribune élaboré par Walter Gropius et Adolf Meyer**
Leur projet fut l'une des rares contributions modernes présentées au concours ouvert par le quotidien. Bien que cette contribution n'ait pas été couronnée de succès, elle constitue l'un des exemples les plus remarquables de gratte-ciel moderne au début des années 1920.

À l'occasion de son soixante-quinzième anniversaire, le grand quotidien de Chicago, le *Chicago Tribune*, lança un concours international d'architecture pour la création d'un nouveau bâtiment destiné à abriter son service d'édition. L'objectif du concours, énoncé en termes aussi flous qu'hyperboliques, était de réaliser « le plus beau bureau du monde », comme on put le lire dans l'appel d'offres publié à l'été 1922. Renonçant à fournir de plus amples précisions sur le programme concret de la construction, le quotidien ne mentionnait que la nature du site, la superficie du terrain ainsi que la hauteur minimum à respecter pour le futur bâtiment, lequel devait se distinguer comme un gratte-ciel impressionnant dans la silhouette de la métropole. La représentativité exigée pour ce projet était naturellement au cœur des débats, dans la mesure où elle impliquait que tous les candidats envisagent toutes les possibilités de la modularité d'un immeuble de bureaux. Le concours était international et ouvert à tous, dix cabinets américains furent conviés d'office à y participer. Le dernier délai pour la remise des offres fut fixé au 1er novembre 1922 pour les candidatures américaines et au 1er décembre 1922 pour les candidatures internationales. Or, le jury s'étant déjà réuni une première fois le 13 novembre pour établir une liste provisoire de gagnants qui comprenait exclusivement des noms de différents cabinets américains, le concours posait un problème de légalité. Une seule contribution internationale, celle du Finlandais Eliel Saarinen, fut rajoutée après coup sur la liste et obtint la deuxième place au concours. En dépit de son déroulement pour le moins douteux, le concours représenta, pour les jeunes architectes modernes européens en particulier, un champ intéressant d'expérimentations dont les résultats firent l'objet de publications.

Le projet élaboré en 1922 par Gropius et Meyer présentait un immeuble de plusieurs étages asymétriques qui, avec ses *Chicago Windows* horizontales, saluait la tradition architecturale moderne de la ville dans la lignée de Louis Sullivan. Les dalles des balcons, disposées de manière irrégulière et en saillie, offraient au bâtiment une rythmique supplémentaire et soulignaient la composition d'ensemble qui s'équilibrait malgré tout. Comme si souvent dans les travaux de Gropius, le projet associait dans sa configuration une grande diversité d'approches et d'influences. En appliquant le principe d'objectivité et en renonçant aux références aux formes authentiques antérieures, Gropius restait depuis l'usine Fagus fidèle à lui-même. En revanche, la composition constituée de cubes juxtaposés et de balcons d'angles qui contrebalançaient avantageusement la ligne horizontale et la ligne verticale témoignait de la nette influence des principes de configuration du groupe hollandais *De Stijl*. Mais Gropius se référait surtout à la tradition locale de l'École de Chicago.

Tout comme la plupart des autres projets présentant une tendance à l'objectivité, ce projet n'avait aucune chance d'être récompensé et c'est finalement le projet historiciste de Raymond Hood et John Mead Howells, avec le sommet impressionnant de sa tour gothique, qui fut construit.

# 1924 ▸ Villa Auerbach
## Schaefferstraße, Iéna

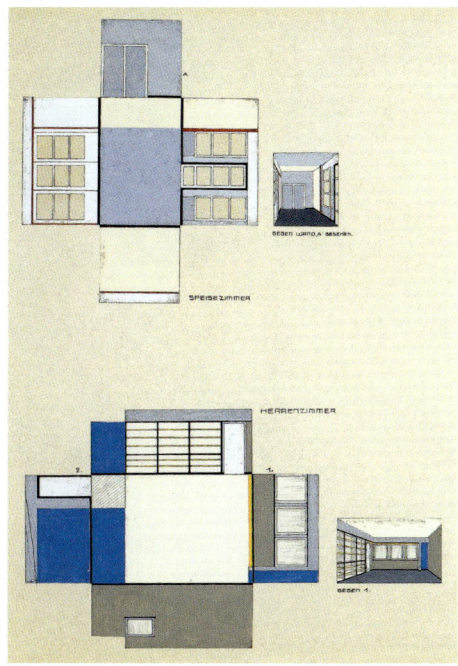

**Plan en couleur**
C'est le maître du Bauhaus tardif, Adolf Arndt, qui pensa les couleurs de la maison individuelle en 1924.

**Façade est, après restauration**
La photo montre clairement l'imbrication de deux parallélépipèdes de dimension différente qui constitue la forme de base du bâtiment.

Parmi les derniers projets élaborés par le cabinet de Gropius de Weimar, il faut mentionner la résidence de type villa, au 9 de la rue Schaeffer à Iéna, dont le maître d'ouvrage était le professeur de physique Felix Auerbach. Après les travaux de transformation du théâtre municipal (1921/22), il s'agissait de la deuxième commande que Gropius obtenait dans cette ville industrielle et universitaire de Thuringe.

Cette maison fut en partie l'occasion, pour Gropius et son collaborateur Adolf Meyer, d'appliquer dans la réalité leur idée expérimentale des *Baukasten im Großen* (boîtes de construction grandeur nature, 1922/23). On pourrait presque qualifier le résultat de « classique » du style de Gropius, tant en ce qui concerne la volumétrie que l'organisation en plan du bâtiment. Il allait aussi caractériser les maisons des Maîtres de Dessau ou la villa construite pour la veuve du professeur Zuckerkandl (1927 – 1929) à Iéna. À Iéna, on voulut bien admettre la radicale modernité de la villa Auerbach, mais les réactions furent vives et souvent défavorables.

Ce qui est caractéristique pour la forme de la villa et pour la manière dont Gropius envisageait l'espace est l'impression rendue que deux grands parallélépipèdes sont imbriqués. Le toit du parallélépipède inférieur sert en partie de terrasse au parallélépipède supérieur. Au rez-de-chaussée de la villa, communiquant entre elles, une salle à manger, un salon de musique et, deux marches plus haut, le séjour, pièces auxquelles vient s'ajouter un jardin d'hiver, aux angles vitrés. Toutes ces pièces donnent sur le jardin, tandis que le couloir, la cuisine et l'office donnent sur la rue. À l'étage supérieur, il y a essentiellement des chambres à coucher. Le parallélépipède supérieur dispose encore d'un étage à toit plat, occupé par les dépendances et ouvrant sur le toit en terrasse. L'aspect extérieur de la construction est caractérisé par la juxtaposition harmonieuse d'éléments cubiques, aux contours nettement définis ; le bâtiment est recouvert d'un enduit d'un blanc éclatant et percé de fenêtres en retrait prononcé et à l'encadrement foncé – caractéristiques essentielles de ce qu'on a appelé la « Blanche Modernité ». Cependant, les murs extérieurs conservent encore leur fonction porteuse et donnent l'impression d'être massifs et rassurants.

On ne devine pas tout de suite le matériau essentiellement utilisé, à savoir la pierre *Jurko*. Il s'agissait de blocs de pierre constitués d'un agrégat de sable et de mâchefer que l'on pouvait facilement scier pour une manipulation aisée. Cette pierre très isolante n'avait été mise au point que quelques années auparavant. Dès 1923, elle était utilisée pour la maison modèle du Bauhaus, la *Haus am Horn* à Weimar, à l'élaboration de laquelle Adolf Meyer avait largement contribué. Meyer, chef du bureau de Gropius, avait alors déclaré à ce propos : « Pour le bâtiment d'Iéna, le matériau a été fabriqué sur le site même du chantier. La construction en pierres *Jurko* est nettement plus rapide que la construction en briques, de telle sorte que l'on économise un temps de travail non négligeable. Le bâtiment conserve également mieux la chaleur. »

Après avoir été largement restaurée dans les années 1990, la villa Auerbach est aujourd'hui utilisée comme maison individuelle.

# 1925 – 1926 ‣ Bâtiment du Bauhaus
## Gropiusallee, Dessau

**Angle nord-ouest de l'aile des ateliers**
Après le bâtiment administratif de l'usine Fagus, c'est le deuxième travail des angles de Gropius à entrer dans l'histoire de l'architecture. Les grands pans de verre, qui caractérisaient l'impression esthétique d'ensemble, donnèrent lieu à une admiration sans réserve tout autant qu'à un rejet catégorique.

**Balcons du Bauhaus**
Photo de László Moholy-Nagy (1925).
La dominance des diagonales est typique de l'esthétique photographique du Bauhaus.

Le Bauhaus menacé de fermeture à Weimar, le conseil des Maîtres avait engagé des négociations avec des villes comme Francfort-sur-le-Main ou Magdebourg qui semblaient intéressées par l'idée de reprendre l'école. C'est la ville de Dessau (Saxe-Anhalt) qui fit la meilleure offre. Son maire, Fritz Hesse, et le conservateur du Land, Ludwig Grote, y voyaient une chance de donner à la ville une autre image et de renouer également avec la riche tradition culturelle de la région (Dessau – Wörlitzer Gartenreich). Le maire promit aux architectes un projet de construction d'école ainsi que d'autres missions architecturales d'envergure. La présence à Dessau de grandes entreprises florissantes, comme les usines aéronautiques et de moteurs à gaz Junker, ne faisait que renforcer l'attraction du lieu. À la différence de Weimar, ville plus pittoresque, Dessau offrait la possibilité d'un rapprochement avec l'industrie qui correspondait parfaitement à la nouvelle orientation rationnelle du Bauhaus. En l'absence de Gropius, alors en voyage, Lyonel Feininger, Paul Klee et Georg Muche durent engager à la hâte les négociations préliminaires. À son retour, le directeur donna lui aussi son accord et en mars 1925, le conseil municipal de Dessau décida, à une large majorité, de reprendre l'établissement de formation qui allait désormais s'appeler *Bauhaus Dessau, Hochschule für Gestaltung* (Bauhaus Dessau, École supérieure de design).

À compter de ce jour, le Bauhaus eut la perspective de commandes importantes qu'il n'avait pas été jusqu'alors en mesure de réaliser, l'institution ne possédant pas de section d'architecture. Comme déjà à Weimar, le cabinet privé de Walter Gropius, que ce dernier avait fait transférer à Dessau, se proposa pour la créer. Adolf Meyer, collaborateur de Gropius de longue date, abandonna son poste de chef de bureau. Leurs vies respectives avaient probablement pris des chemins différents. Dans un premier temps, Meyer resta à Weimar en tant qu'architecte indépendant avant de rejoindre l'Institut supérieur d'architecture de Francfort. C'est un ancien élève du Bauhaus, Ernst Neufert, qui prit sa place (jusqu'à l'automne 1926). Par la suite, Neufert allait travailler avec succès à la standardisation et à la normalisation de l'architecture, sans se laisser influencer par les divers changements de systèmes politiques. Il emboîtait ainsi le pas à son maître qui lui reprocha par ailleurs – détail remarquable – sa « pointillomanie ». Carl Fieger, Richard Paulick et Farkas Molnár comptaient toujours au nombre des principaux collaborateurs.

Tous ces hommes travaillèrent au projet d'un complexe architectural qui allait devenir le symbole du mouvement moderne en architecture et compter au nombre des constructions les plus remarquables du 20ᵉ siècle, représentant un laboratoire des arts et du design et incarnant un manifeste d'architecture. Le bâtiment du Bauhaus n'était pourtant pas né sans réflexion préalable. Il avait déjà en partie fait l'objet d'une première formulation lors du projet de Walter Gropius, jamais abouti, d'une Académie de philosophie à Erlangen (1924).

La superficie conséquente que la commune avait mise à sa disposition en bordure du centre-ville de Dessau permettait de grouper librement et de façon asymétrique les unités cubiques. La récusation de la symétrie et de la hiérarchie, et l'exigence de transparence absolue, procédaient des fondements de la modernité architecturale que Gropius revendiquait dans un Cahier du Bauhaus : « Construire dans l'esprit de notre époque, c'est se détourner de la représentativité de la façade symétrique. Il faut faire le tour de ce bâtiment pour saisir sa matérialité et la fonction de chacun de ses éléments. » La pensée de Gropius allait même jusqu'à la perspective aérienne – ce qui allait de soi dans la ville des usines aéronautiques Junker. « Les voies de navigation aériennes posent une exigence nouvelle : désormais, les bâtisseurs et urbanistes doivent réfléchir à la forme de l'image que les bâtiments auront vus du ciel, ce que les hommes des époques antérieures ne pouvaient voir. » C'est en vain que l'on chercherait une façade représentative sur le bâtiment d'entrée ou le bâtiment principal du Bauhaus.

Page de droite, en haut :
**Marianne Brandt sur le balcon de son atelier-studio de la *Prellerhaus* (1928)**
La photographe et designer métallurgiste étudia et travailla au Bauhaus de 1923 à 1929.

Page de droite, en bas à gauche :
**Vue en plan du rez-de-chaussée**

Page de droite, en bas à droite :
**Vue en plan du premier étage**

**Atelier *(Prellerhaus)***
La *Prellerhaus*, haute de cinq étages, offrit, dans un premier temps, des séjours et des ateliers à vingt-huit étudiants et jeunes Maîtres. Photo de l'architecte Erich Consemüller.

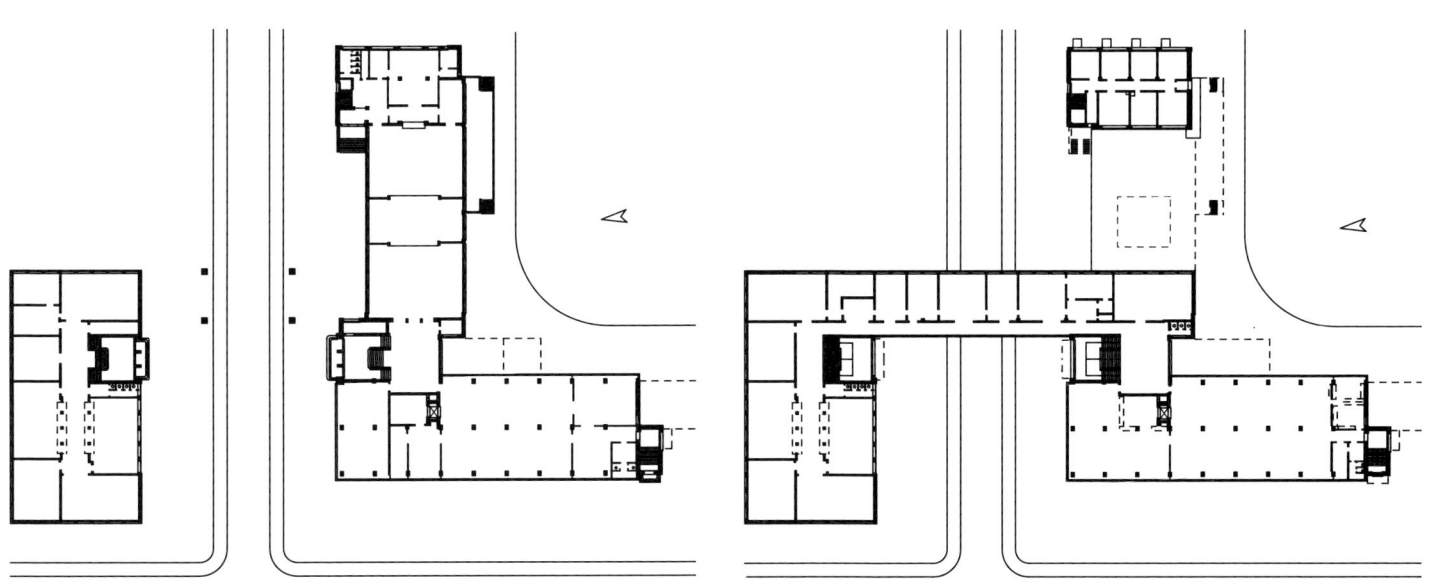

Des fonctions bien précises ont été assignées aux différents corps du bâtiment en toit-terrasse, qui communiquent les uns avec les autres. Une aile, destinée à abriter une école professionnelle de technologie fonctionnant comme un institut indépendant, comprenait des salles de cours, des bureaux administratifs et une bibliothèque. Au niveau du deuxième étage, elle est reliée aux ateliers par un pont reposant sur quatre piliers en béton ; avec la présidence de l'établissement et le bureau d'architecture privé, c'était là, principalement, que s'étendait le royaume de Gropius. L'aile dans laquelle se trouvaient les ateliers, et qui frappait par sa grande surface vitrée, abritait des salles de travail et des salles de cours mises à la disposition des différentes sections (métallurgie, peinture murale, tissage, menuiserie, imprimerie et cours élémentaire). L'aile intermédiaire est pourvue d'une scène de théâtre (et, à l'étage inférieur, d'un plateau de répétition et d'un atelier), de la salle des fêtes et de la cantine. Grâce à des cloisons mobiles, on pouvait agrandir les pièces pour former « une grande aire de festivités » (Gropius). Conçu pour abriter des appartements et des ateliers, et dans lequel 28 étudiants et jeunes Maîtres logeaient et travaillaient, la maison des étudiants de cinq étages apportait une touche de verticalité. Ce fut par ailleurs l'un des premiers foyers pour étudiants construits en Allemagne. Mais dès 1930, le manque de place contraint à transformer la plupart des foyers et ateliers en salles de cours. L'aménagement intérieur et la conception du bâtiment du Bauhaus furent pour l'essentiel l'œuvre de ses différents ateliers. Cela allait de la polychromie des murs et des plafonds, basée sur un système d'orientation de la couleur développé par Hinnerk Scheper, à l'ameublement de la salle des fêtes avec des chaises en acier tubulaire conçues par Marcel Breuer.

**Les vastes pans de verre de l'aile des ateliers de fabrication, aile basse et maison des ateliers**
Façade vue du sud.

**Projet d'orientation de la couleur**
Le système de couleur différencié fut développé par Hinnerk Scheper qui dirigea, à partir de 1925, l'atelier de peinture murale. « La couleur ne doit pas être un simple parement, mais une spécificité de l'architecture. » (Scheper)

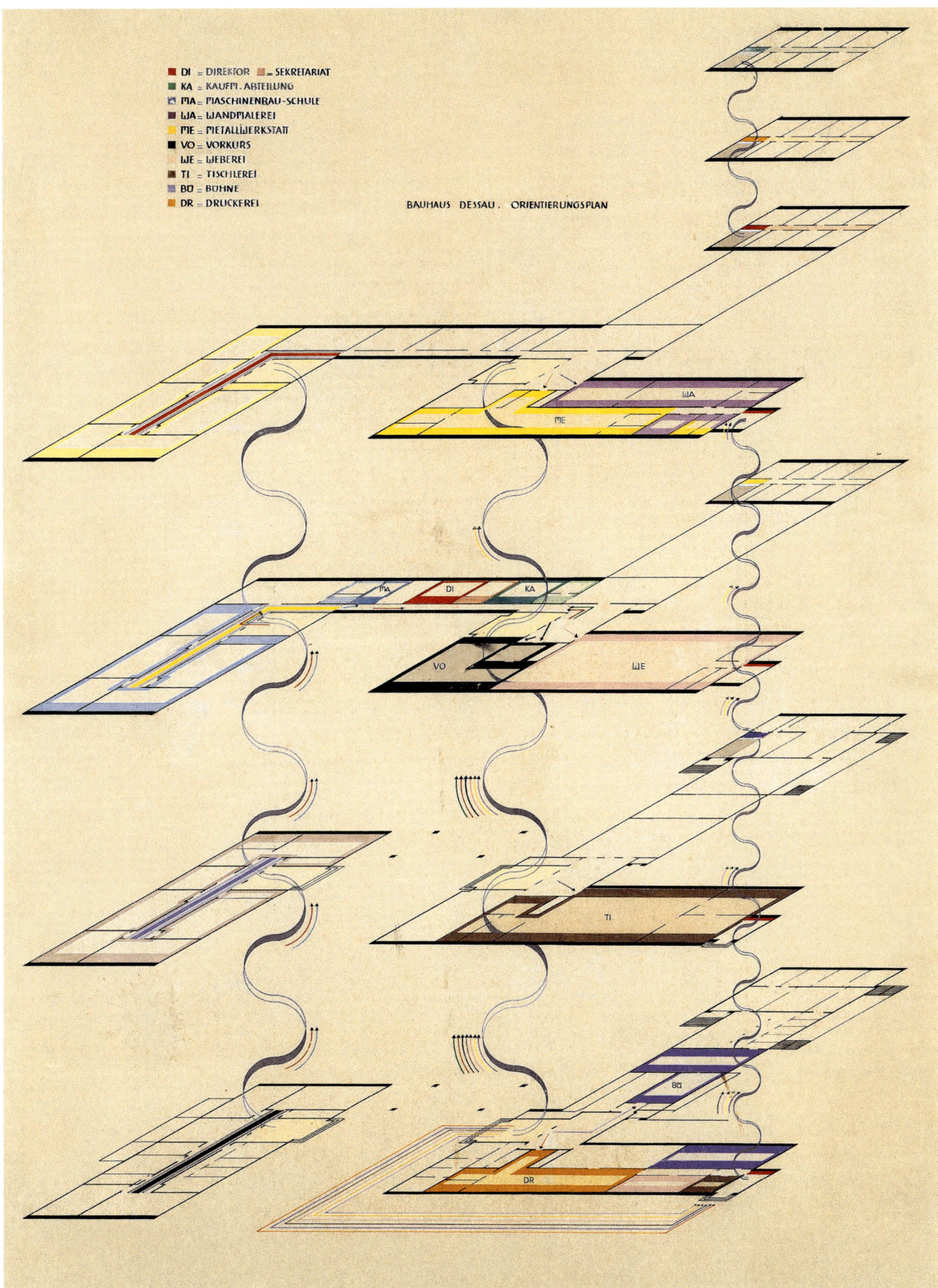

BAUHAUS DESSAU . ORIENTIERUNGSPLAN

DI = DIREKTOR  = SEKRETARIAT
KA = KAUFM. ABTEILUNG
MA = MASCHINENBAU-SCHULE
WA = WANDMALEREI
ME = METALLWERKSTATT
VO = VORKURS
WE = WEBEREI
TI = TISCHLEREI
BÜ = BÜHNE
DR = DRUCKEREI

Du point de vue de sa construction, l'édifice du Bauhaus incarnait le bâtiment moderne standard de l'époque, sans pour autant être révolutionnaire. Il s'agit d'une « ossature en béton armé » (Gropius) avec un parement en briques. Les corps de bâtiments, peints en blanc, se détachent légèrement de soubassements volontairement plus sombres, ce qui renforce l'impression de légèreté, si chère à Gropius. Les planchers des niveaux reposent sur des piliers en béton et les parois extérieures sont libérées de toute fonction porteuse, de façon à permettre l'existence de murs-rideaux constitués d'éléments de menuiserie très fins. Poursuivant le développement des éléments de construction et de configuration déjà mis en œuvre plus de dix ans auparavant avec l'usine Fagus, Gropius écrit avec cet ouvrage une nouvelle page de l'histoire de l'architecture. Les vices de construction qui ne tardèrent pas à se manifester étaient moins la conséquence de défauts relatifs au projet que celle d'un manque d'expérience dans le domaine des constructions et techniques récentes. Mais elles valurent à Gropius railleries et autres moqueries. Avec le simple vitrage, on ne pouvait pas vraiment parler d'isolation thermique, la buée provoquait une corrosion rapide des minces encadrements en métal des fenêtres, l'insonorisation était mauvaise et certains endroits du toit en terrasse n'étaient pas étanches.

Le bâtiment du Bauhaus était un prototype fascinant et innovant mais n'était pas complètement représentatif de « la fabrication en série ». Partisans convaincus de la modernité en architecture ou architectes progressistes se montrèrent malgré tout enthousiastes. Le critique en architecture, Adolf Behne, écrivit notamment à l'inauguration de l'École, sur « la réalisation magistrale de toutes les tendances de la volonté architecturale moderne » et vanta « l'audace et le caractère hors du commun » de l'édifice. Pour les traditionalistes et les partisans de la droite en revanche, le bâtiment du Bauhaus devint un objet de haine – pas tant pour sa forme qu'en raison des cours qui y étaient dispensés.

L'établissement dut fermer ses portes en octobre 1932 sous la pression politique de la droite radicale. Son directeur, Ludwig Mies van der Rohe, tenta, une fois encore, de

**« Les ombres du Bauhaus »**
Cliché réalisé en 1928 par Werner Zimmermann, étudiant au Bauhaus.

prendre un nouveau départ dans le secteur privé à Berlin. Ainsi l'histoire du Bauhaus de Weimar se répétait-elle, vidant à nouveau le bâtiment de sa substance. Dans les années qui suivirent, différents « opportunistes », appartenant à l'Institut technique de fusées ou à l'École du travail féminin du Land, s'y installèrent. À partir de 1939, l'ensemble du site fut repris par les usines aéronautiques Junker et transformé pour abriter des activités de recherche et d'administration. Avant même la fin du mois de mars 1945, une attaque aérienne sur Dessau détruisit la mémorable façade en verre et acier de l'aile des ateliers. Après une reconstitution provisoire et divers travaux de transformation dans les premières années d'après-guerre, le Bauhaus, qui n'avait désormais plus grand-chose à voir avec son état d'origine, fut utilisé comme bâtiment scolaire par différentes institutions pédagogiques. La RDA entretenant un rapport ambivalent à ce qu'elle prétendait relever de l'orientation « formaliste » de l'institution Bauhaus, elle n'attribua au début qu'une valeur moindre à cet ensemble architectural. Ce n'est qu'au début des années 1960 qu'elle révisa son jugement et accepta, en 1964, que l'édifice figure sur la « liste des bâtiments dignes d'être classés parmi les monuments de la RDA ». Puis une vaste reconstruction eut lieu en 1976, qui permit au Bauhaus de retrouver son état d'origine. De nouveaux travaux d'assainissement du complexe, déclaré « patrimoine de l'humanité » en 1996, eurent lieu autour de 2000.

**Atelier de tissage au premier étage de l'aile abritant les ateliers de fabrication**
Le tuyau d'égout le long du pilier permettait l'écoulement des eaux du toit en terrasse.
Photo d'Erich Consemüller (1927).

# 1925 – 1926 ▸ Maisons des Maîtres du Bauhaus
## Ebertallee, Dessau

**Isométrie de l'ensemble**
De haut en bas : la maison du directeur Gropius, puis les maisons Moholy-Nagy/Feininger, Muche/Schlemmer et Kandinsky/Klee.

**Les maisons des Maîtres après leur restauration**

En même temps que l'on édifiait le bâtiment scolaire du Bauhaus, on construisit dans son voisinage des habitations pour les « Maîtres » de l'École, au centre d'un terrain idyllique situé à la périphérie de la ville que Gropius avait lui-même choisi. Le financement proposé par la ville de Dessau était avantageux, les architectes étant locataires du terrain. Ce fut encore le bureau privé de Gropius à Dessau qui conçut et réalisa le projet. Il disposait d'une marge de manœuvre considérable et de conditions financières appréciables. Le responsable du projet au cabinet de Gropius était le jeune Ernst Neufert secondé par Carl Fieger, dessinateur de grand talent, qui lui-même construisit en 1929/30 les gîtes d'étape de *Kornhaus* à Dessau. Hans Volger et Heinz Nösselt étaient chargés de diriger les travaux.

Les quatre maisons furent édifiées en l'espace d'une année seulement : une maison individuelle pour le directeur et trois maisons jumelles. László Moholy-Nagy et Lyonel Feininger, Georg Muche et Oskar Schlemmer ainsi que Wassily Kandinsky et Paul Klee y emménagèrent les premiers. Les premiers changements de locataires intervinrent dès 1927 : Hinnerk Scheper prit la place de Muche, Josef Albers celle de Moholy-Nagy, et Alfred Arndt celle de Schlemmer ; Gropius fut remplacé par Hannes Meyer qui lui avait succédé à la direction du Bauhaus, suivi de Ludwig Mies van der Rohe en 1930. Quelques-uns des plus éminents artistes et architectes du 20ᵉ siècle, dont la notoriété dépasse largement le seul cadre du Bauhaus, habitèrent ces maisons.

Comparées à la moyenne des constructions habitables des années 1920 et replacées dans le contexte de la vocation sociale dont se réclamait le Bauhaus, les maisons des Maîtres paraissaient luxueuses, ce qui gênait quelque peu certains de leurs habitants. Peu de temps avant son emménagement, Oskar Schlemmer écrivit notamment à sa femme : « J'ai été effaré en voyant ces maisons ! J'imaginais des sans-logis vivre un jour ici, alors qu'aujourd'hui ces messieurs les artistes se dorent au soleil sur le toit de leur villa. » Certes, les maisons des Maîtres étaient relativement somptueuses, mais les problèmes de chauffage et de conservation de la chaleur les rendaient aussi coûteuses à entretenir et pas particulièrement confortables. Les ateliers notamment, avec leurs grandes fenêtres à simple vitrage, étaient quasiment impossibles à chauffer en hiver. Les habitants se débrouillaient comme ils pouvaient. Lyonel Feininger, par exemple, utilisait un petit poêle à charbon – chose insolite dans cet univers. L'aménagement intérieur, d'une objectivité sobre, correspondait aux conceptions de Gropius qu'il appliqua dans sa propre maison, en l'aménageant avec des meubles en acier tubulaire conçus par Marcel Breuer, mais ne faisait pas l'unanimité parmi les habitants désireux de personnaliser leur intérieur. Le couple Kandinsky, par exemple, aménagea son intérieur avec des meubles de style et des accessoires russes. Paul Klee et Wassily Kandinsky peignirent leur bureau et leur séjour à leur goût, dans des couleurs vives et très contrastées, comme l'a révélé une récente rénovation.

Parmi ces quatre bâtiments, la maison du directeur tient une place à part. Elle était la seule à ne pas disposer d'atelier, mais les chambres du personnel de maison et le domaine réservé aux invités lui donnaient presque l'envergure d'une grande maison

En bas à gauche :
**Maison Gropius, angle de la salle à manger**
Le placard à vaisselle intégré dans le mur et le
passe-plat devaient faciliter le travail ménager.

En bas, au centre :
**Ise et Walter Gropius dans la salle de séjour
de leur maison**

En bas, à droite :
**Chaise longue de Marcel Breuer**
Elle faisait partie des nombreux meubles conçus
par Breuer qui constituaient l'aménagement de
la maison Gropius.

bourgeoise. Les trois maisons jumelles se ressemblaient jusque dans les moindres détails, ce qui les rapprochait de la standardisation et de la normalisation recherchées par Gropius. Dans la vue en plan, les moitiés sont inversées comme dans un miroir et tournées l'une vers l'autre dans un angle à 90 degrés. En leur centre se trouve un imposant atelier au premier étage, éclairé par des baies vitrées qui occupent tout un pan de mur. Il est flanqué de chambres à coucher, de chambres d'amis et de bureaux, pièces très conventionnelles et de tailles beaucoup plus petites. Au rez-de-chaussée on trouve, communiquant entre elles et ouvrant sur une terrasse, une salle à manger, un salon, une cuisine, un office et un autre bureau. Enfin, au deuxième étage, nettement en retrait, deux petites pièces ouvrent sur un toit en terrasse.

L'aspect extérieur est caractérisé par l'asymétrie recherchée des éléments de façade et des parties cubiques du bâtiment, l'opposition entre les lignes verticales et horizontales (comme c'est le cas, par exemple, pour les fenêtres de l'atelier ou de la cage d'escalier), le contraste de parties murales pleines, peintes en blanc, et de surfaces vitrées à l'encadrement sombre et séparées en leur centre. Ainsi, les maisons des Maîtres sont presque la concrétisation réelle des « boîtes de construction grandeur nature ». Ce projet d'une maison type modulable avait été développé dès 1922/23 dans le cabinet de Weimar. « Une boîte de construction grandeur nature, à partir de laquelle, en fonction du nombre et des besoins des habitants, il est possible

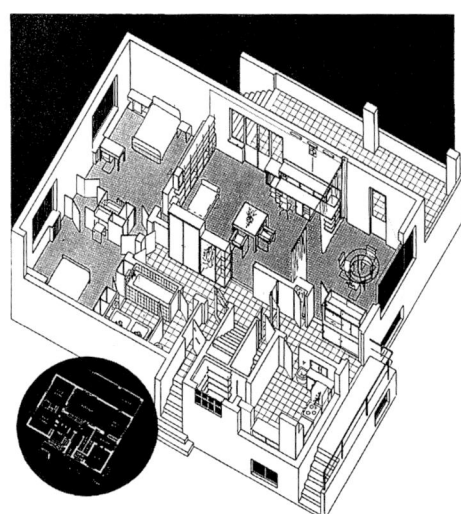

**Isométrie de la maison du directeur
(rez-de-chaussée) avec aménagement intérieur**

**Maison Gropius**
L'emplacement des maisons des Maîtres dans la petite forêt de pins était fondamental.

**Maison Gropius, salon et salle à manger**

**Poignée de porte dans la maison Gropius**
Fabriquée dans l'atelier de métallurgie du Bauhaus.

**Maison simple du couple Moholy-Nagy**
Photographiée par sa locataire Lucia Moholy.
Les clichés en noir et blanc de la photographe
professionnelle ont influencé l'image des maisons
des Maîtres.

**Salon de la maison Moholy-Nagy**

d'assembler différentes machines à habiter » : telle était l'explication qu'en donna Gropius, reprenant à son compte le concept de « machine à habiter » (mal compris) de Le Corbusier. Pourtant, les maisons des Maîtres étaient loin d'avoir la flexibilité et la variabilité d'une « boîte de construction » proprement dite, mais elles présentaient aussi – à l'exception des ateliers – des vues en plan et des configurations spatiales clairement définies et très conventionnelles.

Outre la couleur, des fenêtres de grandes dimensions, des balcons d'angles avec de discrètes balustrades en acier ou encore des avant-toits saillants, tout autant que l'ouverture sur la nature environnante (en l'occurrence une petite forêt de pins clairsemés), témoignaient de la spécificité esthétique du mouvement moderne en architecture. Autre caractéristique de la modernité architecturale, l'aménagement fonctionnel faisait presque l'objet d'une propagande en faveur d'une recherche de « standardisation de modes de vie plus pratiques » (Gropius). Des placards accessibles, des passe-plats, des planches à repasser intégrées, des douchettes pour la vaisselle, et bien d'autres objets devaient encore faciliter les tâches ménagères et soulager la maîtresse de maison – ce qui s'accordait bien au style de vie moderne et bourgeois des années 1920 dans les grandes villes. Gropius se chargea de diffuser cette tendance dans un grand nombre d'articles et d'ouvrages, parmi lesquels la série des *Cahiers du Bauhaus* dont il était le fondateur et l'éditeur. Ses publications étaient de préférence illustrées par les photos de Lucia Moholy, l'épouse du Maître du Bauhaus László Moholy-Nagy. Ces clichés mettent en évidence l'esthétique du mouvement moderne en architecture et sa prédilection pour les formes cubiques, les avant-toits audacieux, ou encore les contrastes en noir et blanc.

Un court-métrage tourné par Gropius montrait des situations (mises en scène) de la vie quotidienne dans la maison Gropius. Dans ce film publicitaire, on voit par exemple Ise Gropius vanter les avantages d'un canapé transformable et la domestique louer la fonctionnalité de la cuisine intégrée. Le message – qui écartait la question des revenus et du niveau social – était clair : l'architecture moderne et l'aménagement de l'habitat améliorent la qualité de vie.

Avec la « commercialisation » des maisons des Maîtres, Gropius fit la preuve éclatante de ses compétences dans le domaine de la publicité et de la propagande. Dans cette communication à outrance, certains points étaient naturellement mis entre parenthèses. Comme pour le bâtiment du Bauhaus, le clivage entre les représentations idéales en matière d'esthétisme et de fonctionnalité, d'une part, et les potentialités technologiques, d'autre part, apparaît aussi avec les maisons des Maîtres. Ce n'est pas une construction moderne en acier et en béton qui se cache sous le revêtement blanc, mais les murs sont bâtis à l'aide de pierres *Jurko*, réalisées à partir d'un mélange de sable, de gravats et de ciment, d'une dimension facilement maniable. On ne pouvait guère parler d'une rationalisation à moindre coût.

Après la fermeture du Bauhaus de Dessau en 1932 et le départ des architectes, les maisons des Maîtres servirent d'ateliers au constructeur aéronautique Junker. Comme le bâtiment scolaire,

**Cage d'escalier de la maison simple Feininger**
Photographiée après sa restauration au milieu des années 1990.

**Maison jumelle Muche/Schlemmer, côté rue**
L'aspect extérieur des maisons des Maîtres est caractérisé par des surfaces murales en crépi blanc et de larges ouvertures de fenêtres.

**Maison jumelle Muche/Schlemmer**
Salon (photo de 1926).

Page de gauche :
**Quelques locataires sur les terrasses d'une des maisons des Maîtres**
En haut : Lou Scheper, Oskar Schlemmer.
Au milieu : Georg Muche, Lucia Moholy.
En bas : Hinnerk Scheper et sa fille Britta, Natalie Meyer-Herkert (épouse de Hannes Meyer) et ses deux filles Claudia et Lydia.

**Cage d'escalier dans la maison simple Klee**
Après la reconstitution de la couleur d'origine
en 1999.

En bas, à droite et au centre :
**Maison jumelle Kandinsky/Klee**
Vues en plan du rez-de-chaussée et du
premier étage.

**Cage d'escalier dans la maison simple Kandinsky**
Après la reconstitution de la couleur d'origine
en 1999.

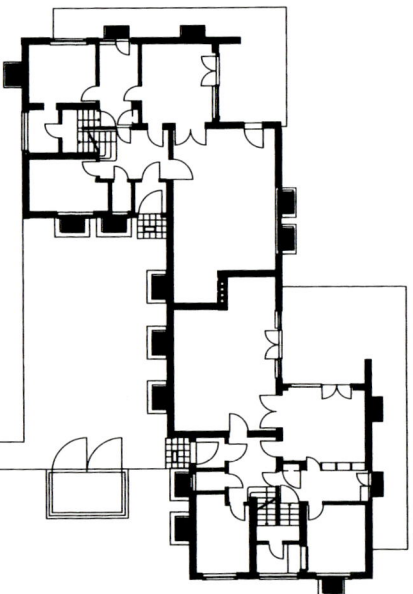

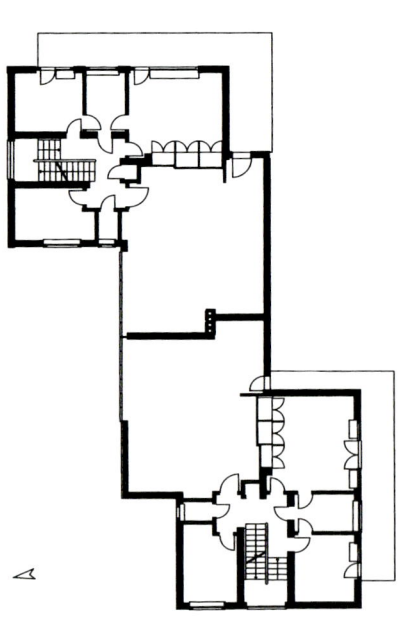

elles échappèrent à la destruction en dépit de nombreuses attaques nazies dont elles firent l'objet, mais elles furent néanmoins lourdement endommagées, les fenêtres des ateliers murées, et l'on éleva des cloisons intérieures. Avant même la fin du mois de mars 1945, la maison du directeur, ainsi que la moitié d'une maison jumelle voisine, furent détruites dans un bombardement. En raison du rapport ambivalent de la RDA à l'héritage du Bauhaus « formaliste » et « internationaliste », les maisons des Maîtres furent, pendant des dizaines d'années, laissées à l'abandon avant d'être modifiées. Alors que le bâtiment de l'École devint un monument classé au milieu des années 1960, les maisons des Maîtres connurent une longue existence misérable et ignorée. Ce n'est que dans les années 1990 que l'on envisagea leur réhabilitation. Ce fut, dans un premier temps, la seule moitié conservée de la première maison jumelle (dont le premier occupant avait été Lyonel Feininger) qui fit l'objet de restaurations de 1992 à 1994 et abrite aujourd'hui le Centre Kurt-Weill, en hommage au compositeur originaire de Dessau. En 1998/99, ce fut au tour de la maison jumelle de Kandinsky et Paul Klee, qui sert aujourd'hui de musée, et enfin la maison de Georg Muche et Oskar Schlemmer.

En haut, à gauche :
**Wassily Kandinsky sur le balcon de sa maison**
La photo a été prise en 1932, l'année de la fermeture du Bauhaus de Dessau. Kandinsky dut quitter l'Allemagne en 1933.

En haut, à droite :
**Projet de couleurs pour les maisons des Maîtres du Bauhaus**
Dessin à la tempera et à l'encre de Chine par le jeune Maître Alfred Arndt (1926).

# 1926 – 1928 ▸ Cité Törten
## Heidestraße, Dessau

**Organisation du chantier**
Extrait d'un film de propagande tourné par Gropius pour la promotion de l'architecture industrielle.

**Plan de l'organisation du chantier (1926)**
L'installation et la mise en marche du chantier furent minutieusement étudiées dans le bureau de Gropius.

Entre 1926 et 1928, le bureau de Gropius éleva à la périphérie sud de Dessau, dans le village de Törten, la fameuse cité Törten. Construit en trois tronçons, le lotissement devait offrir 316 logements. La commande émanait de la ville de Dessau qui comptait sur l'aide rapide du Bauhaus pour résoudre la pénurie de logements que connaissait la commune. Aux yeux de Gropius, la mission consistait à « faire baisser les loyers des maisons en exploitant toutes les possibilités de rationalisation ». Avec la grande cité Törten, en partie financée par la *Reichsforschungsgesellschaft für Wirtschaftlichkeit im Bau- und Wohnungswesen* (Société de recherche en économie appliquée au domaine immobilier du Reich), Gropius avait, pour la première fois, l'opportunité d'éprouver dans la pratique ses conceptions relatives à la rationalisation et à la standardisation d'un habitat de masse.

Parfaite illustration de la taylorisation initiée tout d'abord par Martin Wagner, le conseiller en architecture de la ville de Berlin, et appliquée ensuite aux chantiers de grands ensembles berlinois, le chantier de Törten était aussi précisément organisé qu'une usine. Le déroulement du travail avait été calculé dans les moindres détails et consigné au préalable. Dans le cadre d'un processus de fabrication à la chaîne, les briques creuses en béton de scories avec lesquelles on construisait les murs, de même

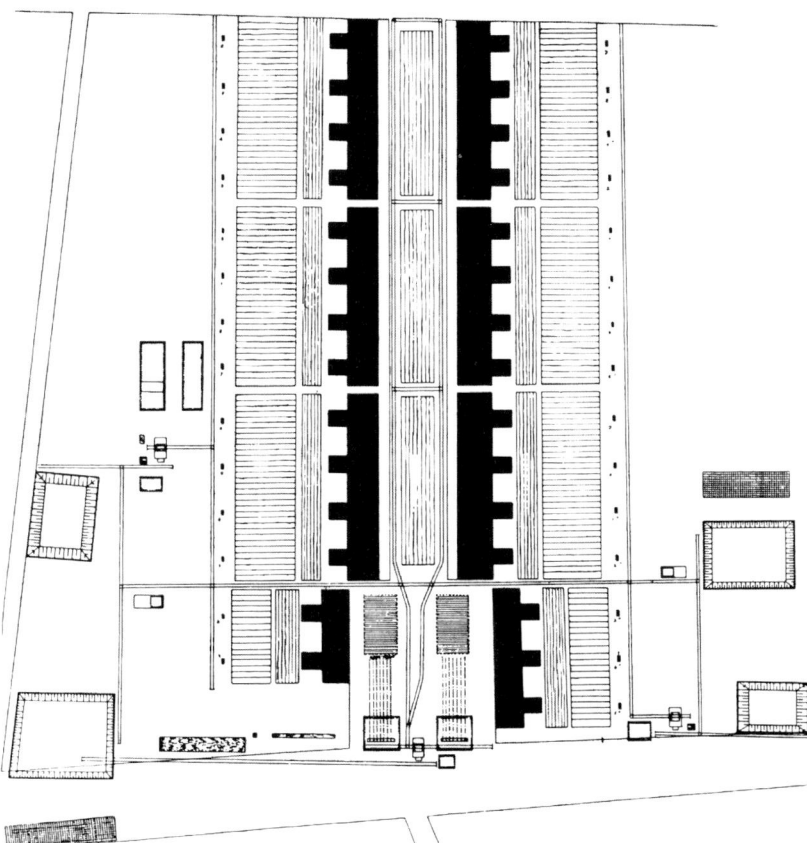

**Le bâtiment des magasins**
L'« immeuble » abritant la coopérative de consommateurs se trouvait au centre de la cité qu'il dominait par son orientation verticale.

que les poutres en béton armé destinées aux planchers, étaient directement fabriquées sur le site. On obtint ainsi une réduction du temps de travail et du coût de la construction, ce qui permit même aux ouvriers – chose qui n'avait pas toujours été possible pour d'autres cités du mouvement moderne – d'y emménager comme locataires.

En définitive, ce ne furent pas les besoins des futurs occupants qui donnèrent au site son aspect quelque peu monotone, mais les exigences de la production industrielle et de la machinerie : par exemple, la voie aménagée pour le passage de la grue pivotante déterminait le plan du lotissement. Il fallut s'adapter aux nombreuses erreurs de conception, dans le premier tronçon des travaux (Type Sietö I), comme les trop hautes balustrades des fenêtres du premier étage, les passages exigus entre les différentes pièces, l'absence de couloir dans l'entrée, les cuisines peu fonctionnelles (avec la baignoire sabot entre l'évier et la gazinière) ou le chauffage déficient. Mais le dessin des façades était – dans la mesure du possible – remarquable ; les appuis horizontaux des fenêtres, les maisons reliées entre elles par des volumes verticaux constitués de briques de verre ou les murs mitoyens en briques pleines créaient une impression de flexibilité. Gropius réalisa également une construction verticale au centre du complexe en toit-terrasse où dominaient les lignes horizontales : il s'agissait d'un « immeuble » élégant de cinq étages qui devait abriter la coopérative de consommateurs.

Même si certains de ses ateliers prirent part à sa construction, la cité Törten n'était pas un projet du Bauhaus mais du cabinet de Gropius. Il reste malgré tout

**Bâtiment abritant les magasins avec les maisons en série adjacentes**
Dans le bâtiment horizontal se trouvaient une épicerie, une boucherie et un café, dans le bâtiment vertical des appartements et une blanchisserie.

**Isométrie de quelques maisons en série**

caractéristique de la nouvelle orientation du Bauhaus vers la production industrielle en série depuis le milieu des années 1920 et de l'acceptation sans réserve du monde contemporain – orientation très éloignée du romantisme exalté de ses débuts et de l'idéal des ateliers communautaires tels qu'il en existait au Moyen Âge. Comme il l'avait exposé en 1926 dans ses *Grundsätze der Bauhausproduktion* (Principes de production du Bauhaus), Gropius concevait désormais le Bauhaus comme un laboratoire à vocation technique et sociale, faisant porter sa recherche sur la standardisation. Dans cet esprit, Gropius s'attacha également à la « commercialisation » publicitaire du processus industriel de construction de Törten et réalisa notamment un film présentant l'organisation du chantier.

Dès 1919, Walter Gropius proclamait que « l'objectif final de toute activité plastique » était « la construction ». En fait, le bureau privé de Gropius avait commencé par combler l'absence d'un département d'architecture qui n'ouvrit ses portes qu'en 1927, sous la direction de Hannes Meyer. Gropius quitta le Bauhaus en 1928 « pour désormais pouvoir se consacrer à nouveau à sa propre activité architecturale », ce qui n'était qu'une façon détournée de signifier qu'il avait rempli sa mission au Bauhaus et épuisé les perspectives que l'établissement pouvait lui offrir. Le communiste Hannes Meyer, ardent défenseur du slogan selon lequel « les besoins du peuple passent avant le désir de luxe », devint à son tour directeur du Bauhaus. En 1930, il augmenta le lotissement de cinq maisons avec pergolas.

**Rue avec maisons de type Sietö (= Siedlung Törten) II**
Pendant la deuxième période des travaux, on élimina les vices de construction non négligeables des premières maisons.

**Vue en plan**
Maison en série de type Sietö IV (1928).

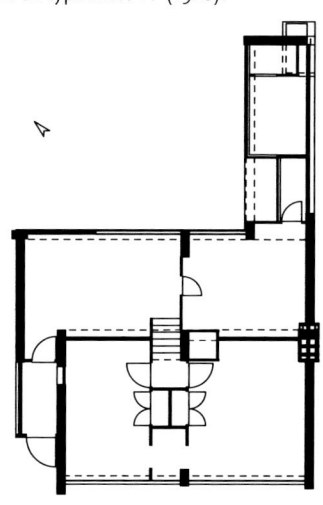

# 1927 ▸ Théâtre total
### Projet

**Dessin du projet de Stefan Sebök**
Cette vue en perspective souligne le caractère fortement fonctionnel, de type « machine », du projet du Théâtre total.

La recherche d'espaces scéniques qui serviraient de cadre à des stratégies théâtrales inédites et non conventionnelles constituait un important sujet de discussion dans l'entourage du Bauhaus, et davantage encore dans l'atelier de théâtre de l'École. Sous l'influence des nombreuses amorces de réformes qui, depuis le tournant du siècle, exploraient les alternatives à la scène à l'italienne, traditionnelle et frontale, un grand nombre de metteurs en scène et d'architectes travaillaient à expérimenter l'éventail des mises en scène innovantes, en particulier celles capables d'entraîner l'ensemble du public dans le jeu scénique. En 1927, Gropius avait été sollicité par le metteur en scène Erwin Piscator, l'un des représentants les plus radicaux du théâtre moderne dans les années 1920, à participer à l'essor d'un nouveau type de théâtre. Pour exprimer sa vision d'un théâtre d'agitation politique, Piscator cherchait à réaliser un corps théâtral multifonctionnel, une « machine » ou un « appareil », susceptible de promouvoir les possibilités de mises en scène contemporaines, incluant l'intervention de vastes procédés multimédias.

Avec le projet de Farkas Molnár de ce qu'il appela le « théâtre en U » avec une scène centrale (1924), celui de László Moholy-Nagy d'un « théâtre de la totalité » (1925) ou encore celui de Xanti Schawinsky avec son « théâtre de l'espace » flottant (1926), c'est encore au Bauhaus qu'un grand nombre de conceptions avaient été développées, qui proposaient des concepts en partie utopiques pour un renouveau complet de la mise en scène. Avec son théâtre sphérique de 1926, Andor Weininger développa le prototype d'un espace de jeu scénique universel offrant des plateaux aisément amovibles et l'insertion d'abondants procédés multimédias ; c'était là l'un des projets les plus radicaux en faveur d'un théâtre de l'avenir.

À la suite de ses premières discussions avec Piscator, Gropius proposa, avec ses collaborateurs, Carl Fieger et Stefan Sebök, le concept spectaculaire de son théâtre du futur : reposant sur un plan de forme elliptique, auquel vient se juxtaposer le plateau rectangle, l'édifice était pensé comme une ossature séparée de l'extérieur par une grande surface vitrée. L'association de châssis en acier et de surfaces vitrées comme composantes architecturales dominantes produisait un effet d'ensemble qui n'était pas sans rappeler les façades de l'usine Fagus ou celles de l'aile abritant les ateliers du bâtiment du Bauhaus. Pour Gropius, cela soulignait la rationalité et la fonctionnalité esthétiques d'une conception qui considérait la construction d'un édifice culturel comme une « machine » et soutenait en même temps l'aspect purement rationnel du bâtiment. Dans l'enceinte externe, un espace composé de rangées de gradins était réservé aux spectateurs. Également elliptique, il était couvert d'un toit en coupole. Les zones intermédiaires entre la salle et l'extérieur étaient prévues pour recevoir des ouvertures et des galeries, elles-mêmes séparées de l'espace intérieur central par la structure porteuse. L'auditorium était relié à une scène en profondeur précédée d'une avant-scène circulaire. La scène à l'italienne, considérée tout d'abord comme conventionnelle par la disposition frontale entre acteurs et spectateurs qu'elle impliquait, pouvait être désormais transformée grâce à de multiples possibilités de pivotement entre l'auditorium

**Isométrie interne**
Des chariots peuvent être poussés depuis les
scènes latérales jusqu'aux espaces dramatiques
situés à l'arrière.

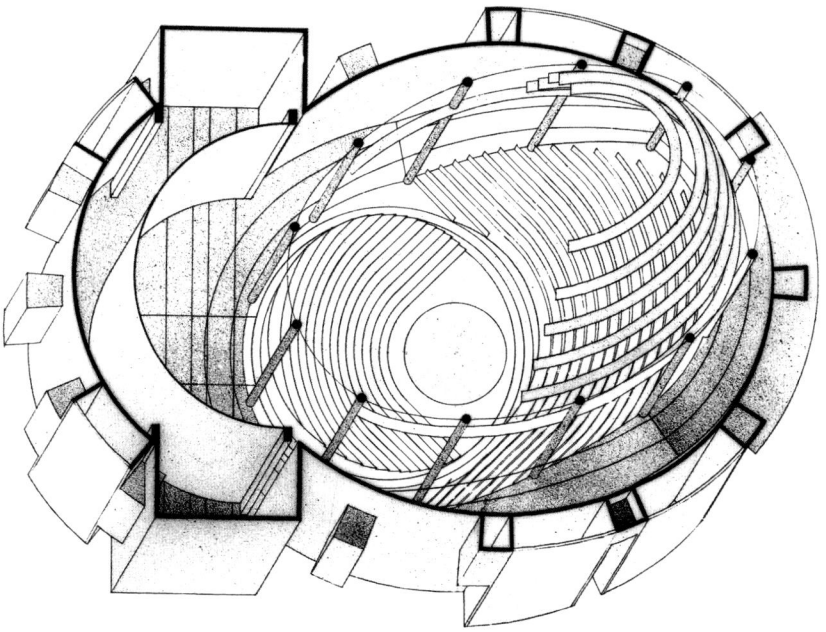

**Modèle**

et les différents espaces scéniques en un système spatial dynamique et très souple.
Grâce à un mouvement de rotation, de déplacement et d'enfoncement en divers endroits du parterre et de la scène, ainsi qu'à la possibilité de construire l'espace des
coulisses en cercle autour de l'ensemble de l'espace des spectateurs, un événement
dramatique « total » et impliquant tout l'espace, pouvait être représenté et entraîner le
spectateur dans l'action. La frontière entre la scène et la salle devait progressivement
s'effacer. Tout autour de l'espace des spectateurs, des surfaces de projection, destinées
à présenter des séquences de films ou des diapositives, offraient des possibilités de
mise en scène pratiquement illimitées. Le metteur en scène aurait tout loisir, comme
l'expliquait Gropius dans la description de son projet de théâtre, « d'abolir toutes les
surfaces murales et les plafonds de la maison entourant le spectateur pour les transformer en scènes animées, comme dans un film ». Le spectateur se trouverait dans
un espace d'illusion, où spectacle vivant et procédés multimédias seraient portés à
leur intensité maximale et où la suggestion dramatique mais aussi l'agitation politique
trouveraient un lieu d'expression techniquement parfait. Gropius écrivit encore à ce
propos : « Le metteur en scène modifie le lieu et la forme de l'espace et soumet le
public aux aléas de la dynamique de son imaginaire. Subjuguer le spectateur, tel est
l'objectif de ce théâtre total. »

Le projet de construction mûrit au long de l'été 1927, tant et si bien que l'on en vint
à discuter d'un lieu pour sa réalisation à Berlin, à la Hallesches Tor, près du quartier
ouvrier de Kreuzberg. Le projet ne fut finalement pas réalisé. Pour toute explication,
Gropius évoqua des arguments d'ordre financier pour taire en fait un différend qui
n'avait cessé de croître entre Piscator et lui au sujet des droits d'auteur. Gropius fit
breveter son « Théâtre total » à la fin de l'année 1928, sans attendre de pouvoir développer plus tard les plans d'un projet de construction plus concret. L'idée d'un espace
scénique universel, praticable, multifonctionnel et très souple a néanmoins influencé
l'histoire de l'architecture théâtrale jusqu'à nos jours.

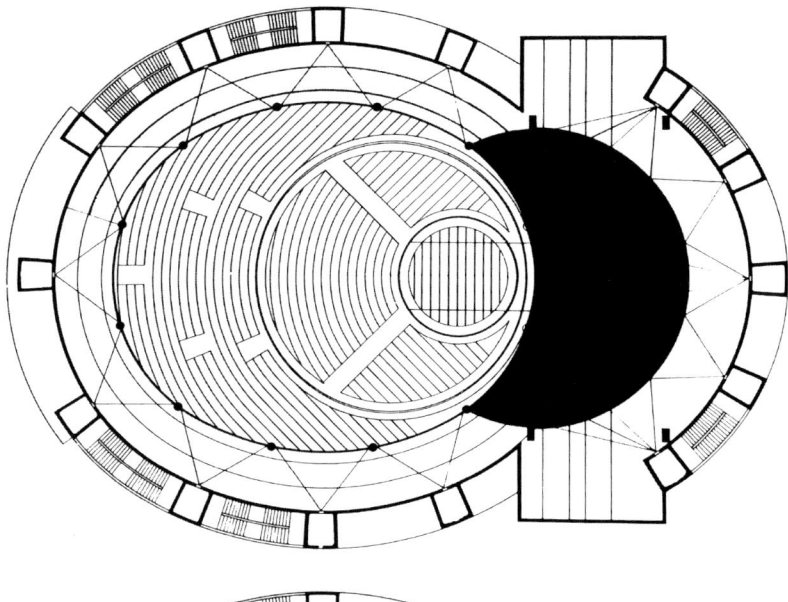

**Vue en plan de la disposition normale**
Outre l'arrière-scène (en noir sur le schéma), le couloir bordant l'auditorium peut servir d'espace dramatique supplémentaire.

**Vue en plan du proscenium**
Le plateau tournant de plus petite dimension inséré dans la zone de l'orchestre, également pivotante, peut être transformé en avant-scène.

**Vue en plan de la disposition centrale**
À partir de 14 sources de projection, il aurait été possible de projeter des films et des diapositives autour de l'auditorium.

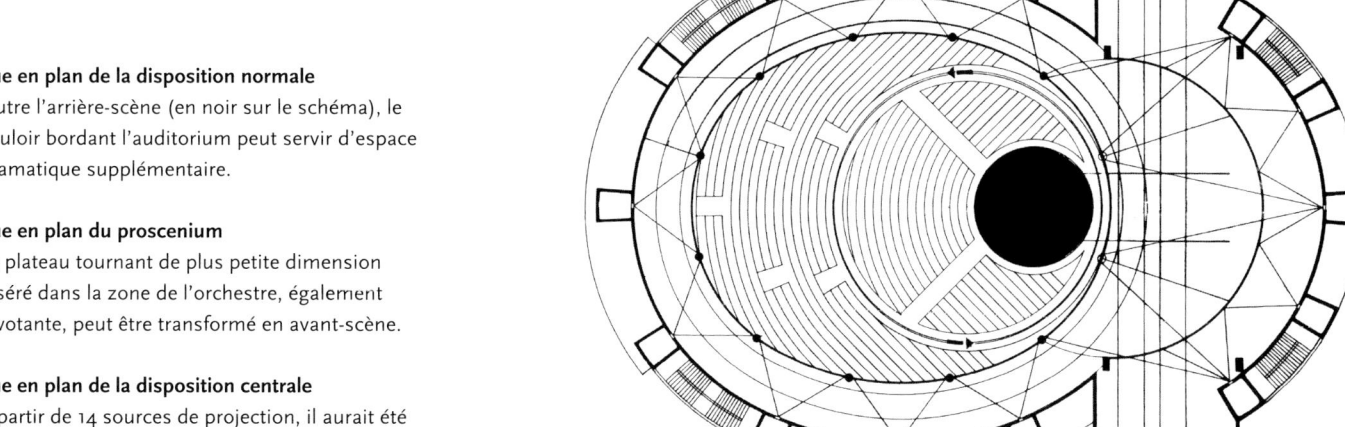

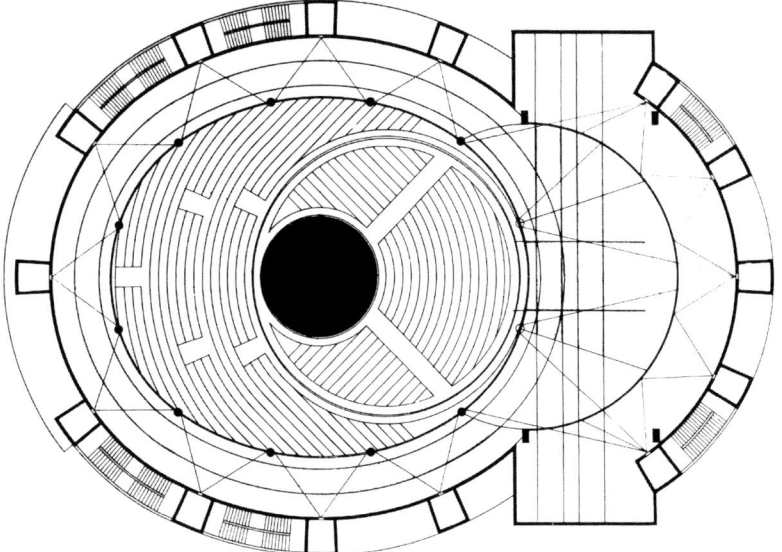

# 1927 – 1929 ‣ Office du travail
### August-Bebel-Platz, Dessau

**Vue du côté est**
Calque au lavis conçu dans le bureau de Gropius.

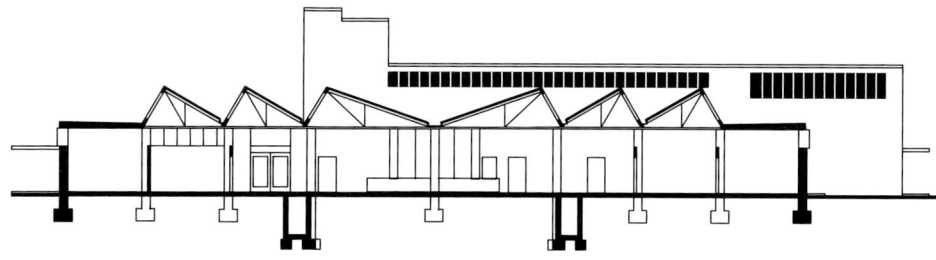

**Vue en plan du rez-de-chaussée**

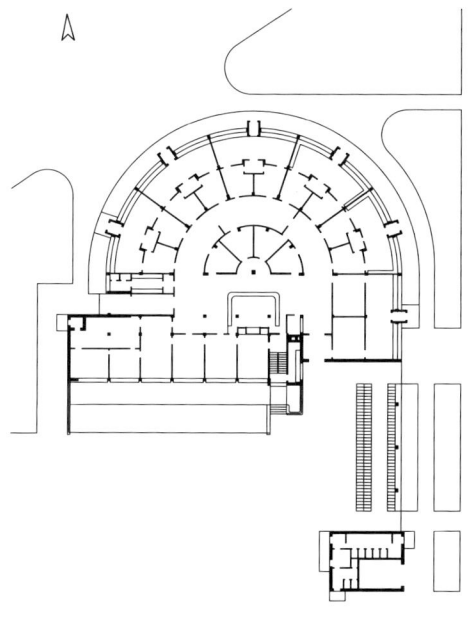

**Galerie intérieure**
L'éclairage est assuré par les sheds et les ouvertures zénithales.

Les « offices de placement » (les agences pour l'emploi d'alors) faisaient partie des nouvelles commandes architecturales courantes de la république de Weimar, en raison du nombre élevé de ses chômeurs. À Dessau, on avait entamé depuis 1923 des concertations pour la construction d'un nouveau bâtiment. On finit par lancer un concours restreint, dont l'essentiel des directives fut fixé par le conseiller architectural de la ville de Berlin, Martin Wagner, en sa qualité de spécialiste du domaine. Ne furent invités à y participer que Gropius et les architectes berlinois, Bruno Taut et Hugo Häring, lesquels appartenaient aussi au mouvement architectural moderne. Les trois contributions proposées ne furent probablement pas très concluantes, si bien que les autorités locales finirent par opter pour celle de Gropius en lui enjoignant cependant de remanier largement son projet.

S'inspirant des réflexions de fond de Martin Wagner, Gropius développa pour l'aile réservée au public une vue en plan en demi-cercle et divisée en différents secteurs. Six entrées mènent aux divers secteurs qui – subdivisables à loisir selon les catégories professionnelles et les sexes – accueillent les bureaux de placement et de paiement des indemnités chômage. Un ingénieux système signalétique mène les visiteurs de la salle d'attente vers la sortie en passant par le bureau de placement et la caisse. En correspondance avec la conception de Gropius, orientée vers le taylorisme, le progrès et la technique, il s'agissait là d'un complexe aussi précisément organisé qu'une usine et qui était censé rationaliser l'accès au travail. Cela se retrouvait également dans l'aspect esthétique du bâtiment qui faisait clairement penser à une usine.

L'unique étage de la construction en acier est recouvert de briques vernissées couleur jaune foncé. Une fenêtre bandeau, entourant le bâtiment directement sous l'arête du toit, laisse pénétrer la lumière du jour dans les salles d'attente. En revanche, l'éclairage des espaces intérieurs est assuré par des sheds disposés en cercles concentriques, comme on en voit sur les bâtiments d'usine. Les cloisons internes ne rejoignent pas le plafond, assurant ainsi la transparence intérieure. À l'aile réservée au public vient s'ajouter la barre étroite d'un immeuble de bureaux de deux étages aux fenêtres bandeaux saillantes.

Si l'organisation méticuleuse de l'office du travail de Dessau peut irriter par son apparente froideur technocratique, elle séduit précisément par le jeu parfaitement harmonieux entre forme et fonction. La solution de Walter Gropius apportée au défi de Martin Wagner était innovante et unique et était sans conteste la meilleure des

**Vues partielles de l'aile basse réservée au public et du bâtiment administratif**
État actuel.

contributions présentées au concours. Adolf Behne, un des principaux critiques en architecture de la république de Weimar, y vit même la plus brillante de toutes les constructions de Gropius qui, par sa « forme claire et vivante, dépasse de loin l'architecture du Bauhaus ». Par ces mots, on peut comprendre que l'office du travail présente des caractéristiques qui le distinguent des autres œuvres de Gropius, comme l'utilisation insolite de briques dans les tons jaunes ou encore le plan en demi-cercle, surprenant dans un ensemble où dominent les lignes orthogonales, mais aussi le développement convaincant de la forme à partir de la fonction.

Le mot d'ordre d'une fonctionnalité portée à un haut degré esthétique et technique pourrait s'appliquer à ce bâtiment. Malgré tout, les vices de construction – comme il en arrive si souvent avec les solutions innovantes – ainsi que les exigences dues aux modifications d'utilisation nécessitèrent certaines interventions architecturales peu de temps après l'achèvement des travaux. Dénoncée par les nazis en 1933 comme « non allemande » et menacée de destruction, cette œuvre, qui est peut-être la plus originale des œuvres de Gropius, survécut à ces attaques, tout autant qu'à la destruction du centre-ville de Dessau au cours de la Seconde Guerre mondiale, et put être à nouveau utilisée par la suite comme bâtiment municipal.

L'office du travail ne fut achevé qu'après que Gropius eut quitté le Bauhaus et fut retourné à Berlin, sa ville natale. C'est dans cette ville qu'il allait désormais concentrer ses projets qui portaient essentiellement sur la construction de lotissements. Certaines formes de base et autres structures du site de Dessau, comme le demi-cercle ou comme l'organisation fonctionnelle, n'allaient cesser de le préoccuper.

# 1928/29 ▸ Cité Dammerstock
## Ettlinger Allee, Karlsruhe

**Maisons en série, Falkenweg**
« ... une pièce principale très vaste, d'étroits couloirs, des pièces abondamment éclairées. Des chambres à coucher à l'étage. » (Gropius)

Sur le plan personnel, quitter le Bauhaus après y avoir exercé pendant neuf ans fut pour Gropius une bonne décision. Pour un architecte de sa renommée, le risque qu'il encourait en renonçant au salaire fixe de Dessau pour vivre des seuls revenus de son bureau berlinois était minime. Désormais, Gropius se concentrait sur la construction d'immeubles et de lotissements. Ses travaux de recherche et intérêts scientifiques portaient également sur ce domaine de l'habitation, comme le souligne notamment son appartenance à la Commission de spécialistes de la Société de recherche en économie appliquée au domaine immobilier du Reich. Déjà cruciales à Dessau-Törten, les questions relatives à la taylorisation du chantier, à la rationalisation et à la standardisation de l'urbanisation, constituent le leitmotiv de l'œuvre de Gropius vers 1930.

C'est ainsi qu'il participa, en 1928, au concours organisé par la Société de recherche en économie appliquée au domaine immobilier du Reich pour l'élaboration d'esquisses préalables à la construction d'un complexe modèle de 4 000 logements à Berlin-Haselhorst. Gropius présenta quatre variantes d'une construction en lignes, rigoureuse et presque rigide. Allant des maisons alignées jusqu'aux immeubles de douze étages, elles se différencient par leur hauteur et leur densité. Bien qu'ayant remporté le concours, Gropius vit ses plans critiqués par un cercle de spécialistes qui reprochaient leur schématisme. Par ailleurs, son calcul du coût de la construction des immeubles était basé sur des chiffres erronés. Pour finir, seule une petite partie du lotissement fut réalisée, d'après les plans de l'ancien associé de Gropius, Fred Forbát. L'idée d'un grand immeuble, formulée explicitement pour la première fois à Haselhorst, mena en 1929/30 au projet d'une maison de dix étages en verre et acier. Gropius y voyait – un peu comme Le Corbusier – la possibilité d'alléger la densité de la construction, d'améliorer les conditions d'hygiène et de rentabiliser davantage la construction.

Dans le sud-ouest de l'Allemagne, il put éprouver dans la pratique les conceptions de l'habitat moderne (à partir de sa variante d'immeuble). À l'occasion d'un concours publié par la ville de Karlsruhe pour un quartier résidentiel dans la commune de Dammerstock que Gropius gagna en 1928, l'habitation lamelliforme était, pour la première fois lors d'un concours en Allemagne, requise pour des maisons individuelles et des immeubles collectifs. Les directives étaient très précises, jusque dans les détails du plan d'ensemble, si bien que les candidats n'avaient qu'une marge de manœuvre limitée.

C'est à Gropius que fut confiée la réalisation de l'ensemble du projet, en collaboration avec Otto Haesler, originaire de Celle. En outre, il était responsable du projet de trois immeubles collectifs et de quelques maisons individuelles. D'autres architectes de la région ou non, parmi lesquels Wilhelm Riphahn de Cologne, participèrent au projet. L'objectif était de « créer des habitations d'utilité publique, saines et pratiques » correspondant au « standing social de la famille allemande moyenne ». Le résultat – pour des raisons économiques, seuls 228 appartements sur les 750 initialement prévus furent finalement construits – impressionna, certes, par la logique et la clarté

**Immeuble avec appartements de trois ou quatre pièces dans l'Albert-Braun-Straße**
Le soubassement de l'immeuble de huit appartements abritait des préaux dans la face nord-ouest.

de la construction d'ensemble, mais irrita aussi ses contemporains par sa trop grande rigueur et la tendance qu'elle manifestait d'une mise sous tutelle de ses habitants. Des éléments de configuration communs à tous les bâtiments, comme la taille semblable des fenêtres ou l'enduit blanc uniforme sur des soubassements gris, donnaient au lotissement un aspect homogène mais monotone. Le visage de Janus du mouvement moderne en architecture – d'un côté, l'intention louable de mettre l'architecture au service d'une nouvelle société démocratique, de l'autre, le désir impérieux et presque jacobin, d'améliorer le sort de l'humanité par l'habitat – fut rarement aussi évident qu'à Dammerstock. La construction lamelliforme, en tant que contre-modèle de la construction en bloc bâtie en périphérie de la ville au 19e siècle, de même que le toit en terrasse, devinrent le dogme et l'emblème fétiche de l'architecture contemporaine. Adolf Behne fit remarquer dans la *Zeitschrift des Werkbundes* (revue du *Werkbund*) : « La construction en lignes veut, autant que possible, tout résoudre et tout guérir par le logement, certainement dans le très sérieux souci de venir en aide à l'homme. L'homme doit se loger et doit rester, grâce à son logement, en bonne santé. Aussi un régime d'habitat adéquat est-il prescrit jusque dans les moindres détails. »

Gropius voyait les choses autrement. Il restait très ferme sur ses positions concernant la fonctionnalité et l'esthétique. On chercherait en vain chez lui les libertés que prirent parfois Bruno Taut à Berlin ou Ernst May à Francfort, mais, en aucun cas, on ne peut lui dénier un sens aigu des questions formelles et esthétiques (comme l'attestent les bâtiments de la cité de Berlin-Siemensstadt).

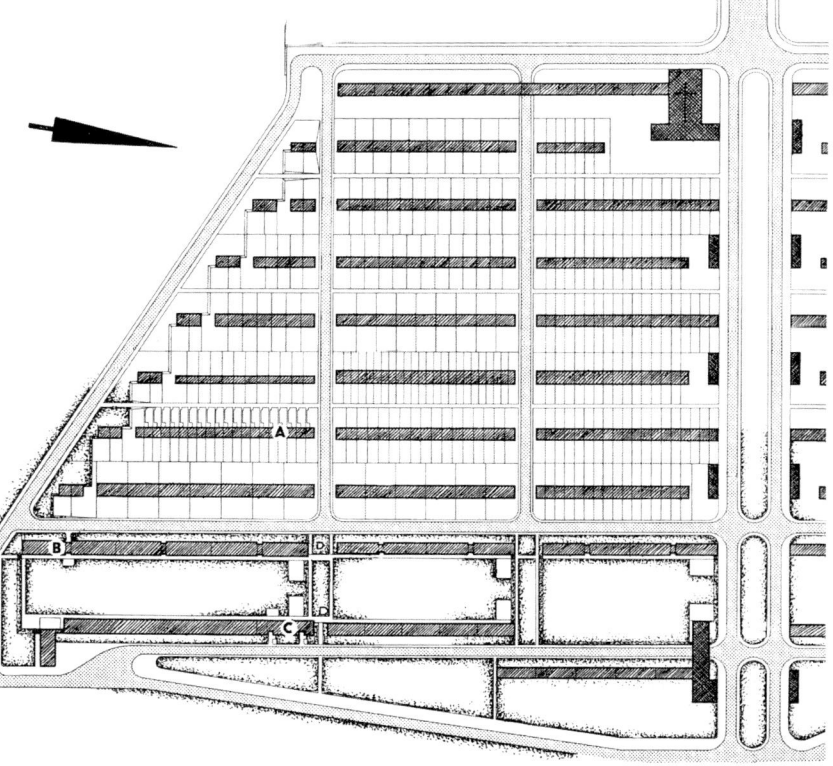

**Immeuble avec coursives dans la Dammerstockstraße**
L'ensemble contient 32 deux-pièces.
L'accès se fait par des pergolas, côté est.

**Plan de construction (1928)**
Le plan montre la construction rationnelle en lignes qu'exigeait le concours.

# 1929 – 1930 ▸ Cité Siemensstadt
## Jungfernheideweg et Goebelstraße, Berlin

**Ligne de maisons, Jungfernheideweg**
En retrait des fenêtres, les espaces intermédiaires verticaux des cages d'escalier rythmaient la longue barre de bâtiment.

**Plan d'ensemble**
Le projet global du lotissement se trouvait chez l'architecte berlinois Hans Scharoun.

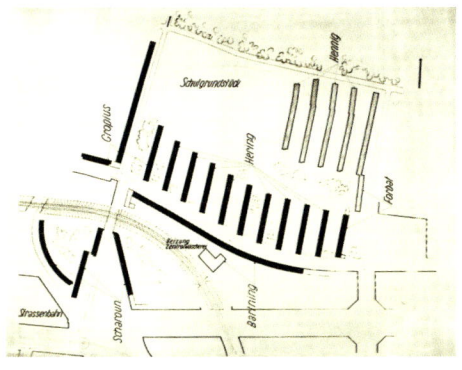

**Bâtiments conçus par Gropius à l'angle du Jungfernheideweg et de la Goebelstraße**
Des bâtiments plus bas, abritant des magasins, relient les barres de longueur différente.

Le grand lotissement situé à la périphérie de Charlottenbourg, près des usines Siemens, fut construit dans le cadre de ce que l'on a appelé un « programme de construction de logements supplémentaires de la ville de Berlin ». Martin Wagner, conseiller en bâtiment de la ville de Berlin et proche du mouvement moderne en architecture, désigna lui-même les architectes pour réaliser ce projet. Outre Gropius, il choisit Otto Bartning, Fred Forbát, Hugo Häring, Paul Rudolf Henning et Hans Scharoun. Il comprend environ 1 400 logements et 17 magasins, répartis en 25 bâtiments, allant de trois à cinq étages. C'est à Hans Scharoun que revient le projet global d'un quartier résidentiel conçu selon le procédé de l'immeuble lamelliforme.

Walter Gropius conçut deux barres de bâtiment de longueur différente de part et d'autre d'une rue, Jungfernheideweg, ainsi que – communiquant avec le plus long bâtiment des deux – un immeuble collectif avec espace vert donnant sur la Goebelstraße. Les barres de bâtiment peuvent accueillir des unités d'habitation d'une superficie de 43,55 ou 69 m². La lumière naturelle entre dans les appartements des deux côtés. Lorsqu'il élabora les plans, Gropius veilla à ce que toutes les pièces soient directement accessibles depuis le couloir, afin d'éviter les dégagements. Les barres de bâtiment de quatre étages conçues par Gropius ne sont pas seulement convaincantes en raison du plan des appartements, mais encore du fait de leur aspect extérieur. Des balcons, des loggias et les appartements de l'étage supérieur en retrait structurent les façades. Ce qui frappe avant tout, c'est l'effet d'optique obtenu par le groupement de fenêtres de deux appartements mitoyens. Des bandes en brique hollandaise violet foncé masquent la séparation entre les deux appartements et donnent l'illusion que les unités sont plus grandes.

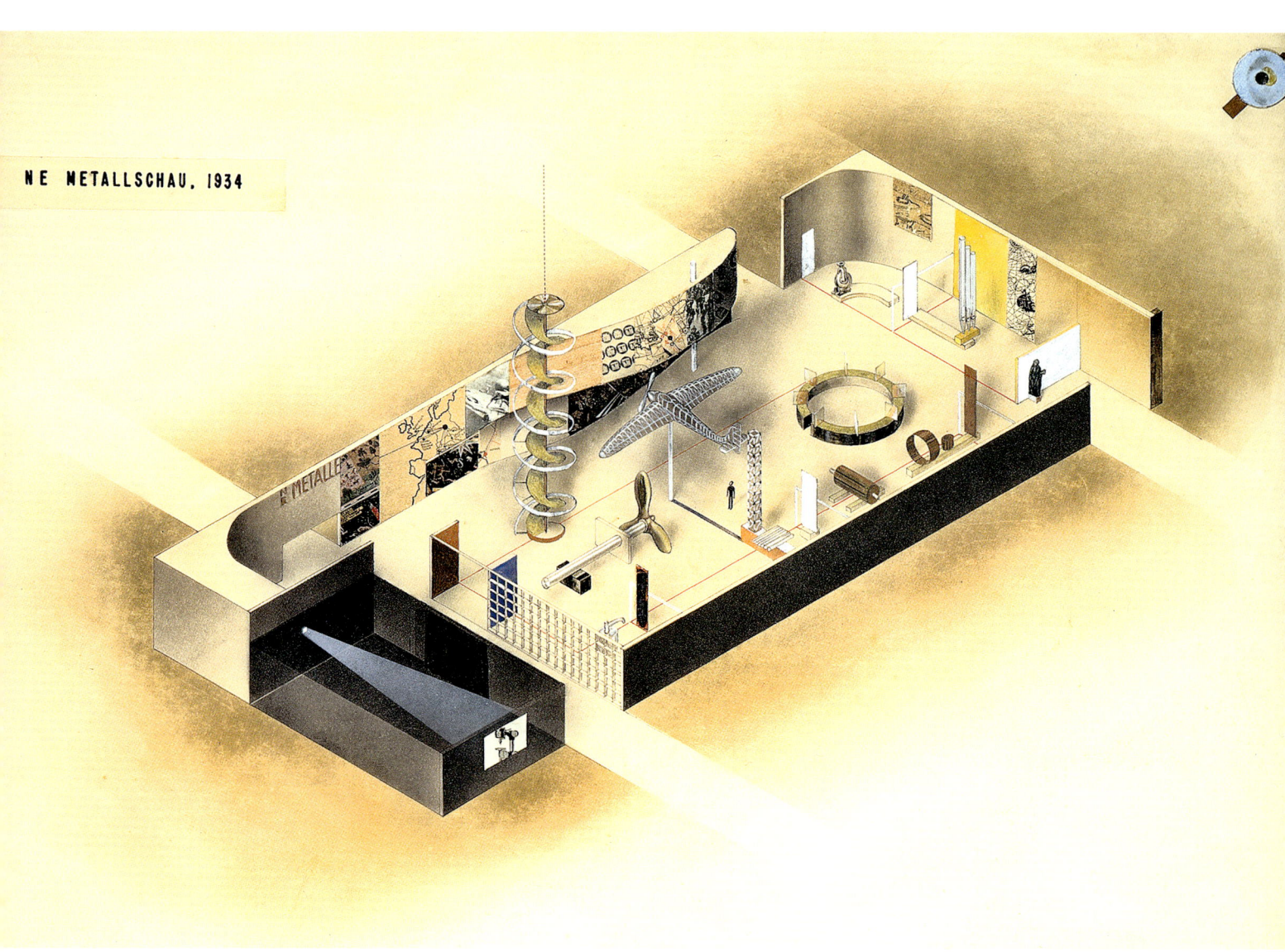

NE METALLSCHAU, 1934

# 1934 ‣ Section des « Métaux non ferreux »

## Exposition « Deutsches Volk – Deutsche Arbeit »
(Peuple allemand – Travail allemand) ‣ Berlin

En haut :
**Aperçu de l'exposition**

Page de gauche :
**Isométrie**
Dessin de Joost Schmidt d'après une idée de Gropius.

Pendant l'année qui sépare l'arrivée des nazis au pouvoir et son départ pour l'Angleterre en 1934, Walter Gropius ne reçut guère de commandes. Au début de l'année 1933, il avait quand même participé au concours pour la construction du *Reichsbankgebäude* (bâtiment de la *Reichsbank*) à Berlin. Mais sur ordre d'Hitler, on ne décida plus selon des critères objectifs. La contribution de Gropius fut rejetée sous prétexte qu'elle faisait penser à une usine. En 1934, il développa un projet de Maison du travail, destiné à vanter les mérites du Front allemand du travail. Ce projet conservait évidemment une esthétique et une construction moderne, mais la façade fut décorée de drapeaux à croix gammées. Comme d'autres architectes de la modernité, Gropius nourrissait encore à l'époque le secret espoir de voir les nouveaux dirigeants – un peu comme les fascistes en Italie – accepter l'architecture rationnelle comme étant représentative du style allemand.

Toutefois, Gropius obtint une dernière commande publique. Dans le parc des expositions de Berlin, sous la tour radiophonique, une exposition intitulée *Deutsches Volk – Deutsche Arbeit* fut organisée au printemps 1934. Elle était destinée à exhiber les performances économiques du gouvernement national-socialiste un an après son accession au pouvoir. À la demande de l'Union du métal, Gropius élabora la section des « Métaux non ferreux » en collaboration avec l'ancien architecte Joost Schmidt. C'était une exposition très moderne et éloquente, tant d'un point de vue esthétique que didactique, largement à la hauteur des travaux ultérieurs de Gropius (par exemple, ceux qui sont présentés à l'exposition du *Werkbund* en 1930, à Paris) : dans un espace homogène, clair et techniquement sobre, des objets isolés, comme une hélice de bateau ou une cellule d'avion, que l'on avait disposés, pour davantage d'effet, en point de mire et accompagnés de textes explicatifs, de graphiques, de pièces usinées et d'échantillons de matériau.

Gropius n'était pas le seul représentant du mouvement moderne convié à l'exposition. Y participèrent également Ludwig Mies van der Rohe (section « Industrie minière ») et son ancien collaborateur, Sergius Ruegenberg, Lilly Reich (section « Verre, céramique, porcelaine ») ou Herbert Bayer (catalogue). Les raisons en étaient multiples : en 1934, il n'existait pas encore de ligne harmonisée du parti national-socialiste appliquée aux questions culturelles et esthétiques. Plusieurs groupes d'intérêts se faisaient concurrence au sein de l'appareil d'État, du parti et d'organisations diverses, le verdict au sujet de la modernité n'avait pas encore été prononcé, ce qui ouvrait de petites brèches pour les tendances modernes. Mais l'exposition des « Métaux non ferreux » allait être, pour plus de quinze ans, la dernière mission réalisée par Gropius en Allemagne.

# 1938 ▸ Maison Gropius
### Baker Bridge Road, Lincoln, Massachusetts

**Walter et Ise Gropius sur la terrasse
de leur maison**

**Côté jardin**
Le toit-terrasse en avancée est ajouré
et constitue une protection au soleil pour
les terrasses inférieures.

Même si Walter Gropius chercha à obtenir un permis de séjour de longue durée pour le Royaume-Uni et résilia en 1936 le bail de son appartement berlinois, il ne voyait probablement en Londres, où il vivait depuis 1934, qu'une étape transitoire. Lorsque l'Université Harvard de Cambridge (Massachusetts) le contacta, l'exilé vit s'ouvrir devant lui des perspectives fort prometteuses. À Harvard, on voulait moderniser la formation obsolète des architectes qui créaient toujours dans la tradition académique des beaux-arts du 19ᵉ siècle. Un brillant représentant du nouvel art architectural européen se devait de lancer ce projet de réforme. Gropius prit sa tâche très au sérieux, à la condition cependant qu'il puisse ouvrir son propre cabinet d'architecture. Cette requête lui fut accordée.

Il put ainsi organiser au début de l'année 1937 son départ pour les États-Unis, et cela, en accord avec les autorités allemandes. Dans le cadre d'un arrangement, ces dernières acceptaient de prendre à leur charge l'aspect matériel et personnel du départ de Gropius et servaient ainsi leur effort de propagande en se glorifiant de la nomination d'un Allemand dans une université américaine d'élite. Du reste, depuis 1933, Gropius se gardait bien de critiquer la politique allemande, ce qui lui permit de conserver des liens avec son pays d'origine, depuis l'Angleterre et depuis les États-Unis ; une situation que l'on rencontrait rarement chez les émigrants.

En 1938, Gropius – devenu entre-temps directeur du département d'architecture – fit venir à Harvard Marcel Breuer, à titre de professeur associé, et engagea avec lui un travail en partenariat. Breuer (1902 – 1981) faisait partie de la première génération d'étudiants du Bauhaus de Weimar. À Dessau, il prit en charge, en qualité de jeune

Maître, l'atelier de meubles, participa à l'aménagement intérieur du Bauhaus et ses meubles en acier tubulaire contribuèrent à faire de lui un designer de renom. Comme Gropius, il quitta le Bauhaus en 1928 et émigra plus tard en Angleterre. À Harvard, il fut très utile à Gropius, aussi bien comme collaborateur que comme enseignant, car il était plus proche des étudiants que le vénéré Maître. C'est une brouille entre eux qui mit fin, en 1941, à leur partenariat.

Avec l'appui de Breuer, Gropius remania l'enseignement de l'architecture à Harvard et lui fournit une base scientifique adaptée à son époque. Boston devint bientôt un lieu d'études très prisé par les jeunes architectes débutants ; c'est là que se formèrent, entre autres, Philip Johnson, Ieoh Ming Pei et Paul Rudolph. Mais l'idée du cours rationnel qui abandonne le style personnel et le projet personnalisé (et qui s'explique par les éléments de l'histoire personnelle de Gropius) fut vivement discutée. En collaboration avec Ludwig van der Rohe, qui enseignait à Chicago depuis 1938, Gropius a malgré tout transformé de manière inestimable la formation des architectes et l'architecture en général aux États-Unis et l'a amenée à rayonner sur la scène internationale.

Son établissement comme architecte indépendant aux États-Unis se faisait pourtant attendre. C'est une généreuse donatrice qui lui permit de construire enfin sa

**Vue dans le séjour depuis la salle à manger**
Walter et Ise Gropius aménagèrent également
leur deuxième maison avec des meubles Bauhaus.

En bas à gauche :
**Entrée**
L'escalier en colimaçon en acier mène à
la terrasse couverte qui s'étend au-dessus
de la maison.

En bas à droite :
**Vue en plan du rez-de-chaussée**
L'entrée (en haut) est à l'exact opposé
de la véranda orientée au sud.

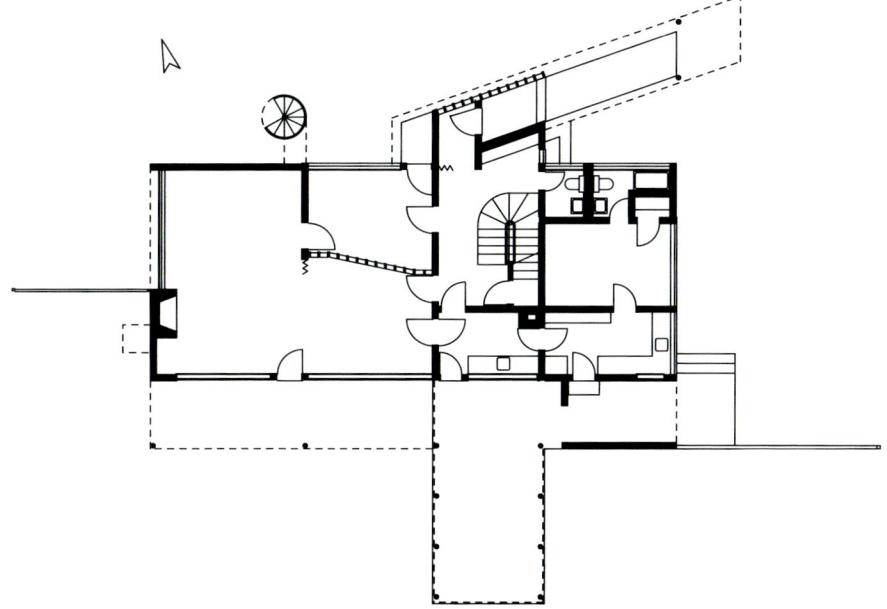

propre résidence à Lincoln, près de Cambridge, à environ une demi-heure du campus de l'Université. Alors que s'annonçait le triomphe mondial du consensuel style international, qui ne serait pas imaginable sans le travail préalable effectué au Bauhaus, Gropius réussit ici à réconcilier intelligemment le mouvement architectural moderne avec l'architecture traditionnelle et ses spécificités régionales. La maison s'inscrit dans la tradition de la modernité « blanche » classique : elle est cubique, elle a deux étages et un toit en terrasse. Elle est construite sur une ossature en bois, typique de la région, avec un parement de planches en bois Redwood peintes en blanc. Des terrasses et de grandes surfaces vitrées assurent le passage nécessairement immédiat entre l'intérieur et l'extérieur. Au rez-de-chaussée, s'interpénétrant, on trouve la salle à manger et le salon, de même que le bureau, séparé en deux par des pavés de verre ; au premier étage, les chambres à coucher, ainsi qu'une terrasse couverte d'où part un escalier en colimaçon qui mène au jardin. L'éclairage des pièces et des autres dégagements a fait l'objet d'un soin particulier.

« Cette fusion du *genius loci* avec ma conception moderne de l'architecture a permis la construction d'une maison que, pour des raisons climatiques, techniques et psychologiques, je n'aurais jamais pu bâtir ainsi en Europe. » Ce commentaire de Gropius montre qu'il a pris ses distances – sans pour autant rompre avec eux – par

En haut, à gauche :
**Ise Gropius sur la terrasse semi-ouverte
située à l'étage**
On reconnaît le parement en planches de
type Redwood peintes en blanc.

En haut, à droite :
**Entrée avec avant-toit**
Les fenêtres bandeaux situées sur la façade
de l'entrée s'inscrivent dans la tradition
du mouvement architectural moderne.

**Façade sud avec la terrasse située
au-dessus du séjour**

rapport aux principes du mouvement architectural moderne peu attaché aux spécificités régionales. Il est intéressant de remarquer que ce sont, pour l'essentiel, des éléments préfabriqués de type industriel qui furent utilisés pour l'intérieur comme pour l'extérieur du bâtiment. Ce détail mis à part, cette maison est peut-être la construction la plus personnelle qu'ait jamais créée Gropius, qui passait si souvent pour être très rationnel.

Sur le terrain mitoyen, Marcel Breuer édifia sa propre maison. Il s'agit du même type de construction. La résidence respective de chacun des collaborateurs servit de modèle, et c'est ainsi que Breuer et Gropius purent, par la suite, construire une série de maisons individuelles luxueuses, qui incarnaient un « régionalisme moderne » dans l'évolution qu'allait connaître le mouvement moderne en architecture, grâce à l'utilisation mesurée de matériaux comme le bois ou la pierre de taille et l'insertion de lignes ouvertes. Marcel Breuer apporta une contribution décisive à la construction de la plupart de ces villas, par exemple, la villa Hagerty à Cohasset (Massachusetts), la villa Frank à Pittsburgh ou encore la villa Chamberlain à Wayland (Massachusetts), qui figurent parmi les plus beaux exemples – même s'il y en eut d'autres avant eux – d'architecture moderne sur la côte est américaine.

# 1948 – 1950 ▸ Graduate Center
### Harvard University ▸ Cambridge, Massachusetts

**La façade élégamment incurvée
du bâtiment collectif**

Ce n'est qu'en 1948, plus de dix ans seulement après son arrivée aux États-Unis, que Gropius put enfin réaliser une grande commande publique, le Harvard Graduate Center de Cambridge (Massachusetts). Les autres projets de bâtiments scolaires qui lui avaient été commandés, comme le Black Mountain College sur les bords du lac Éden (1938/39) où enseignait l'ancien architecte Josef Albers, n'avaient pu se réaliser. Pour le TAC *(The Architects Collaborative)*, association d'architectes fondée par Gropius en décembre 1945 et dont il était membre, Harvard était une première mission d'envergure.

Le Harvard Graduate Center est un ensemble comprenant un bâtiment central et 7 résidences, où peuvent habiter 575 étudiants en tout. Avec sa silhouette légèrement élancée, le bâtiment collectif à ossature d'acier et aux façades enduites à la chaux accueille des réfectoires et des salles de loisirs. Pour la configuration artistique, on s'adressa à Hans Arp, Joan Miró, Josef Albers et Herbert Bayer, en rappel à l'ancien idéal du Bauhaus de l'œuvre d'art collective. Les sept immeubles de trois étages, conçus sur le même modèle et dont les lignes horizontales sont fortement marquées, sont des constructions à ossature en béton armé et aux façades de briques jaunes. Leur regroupement autour de plusieurs cours intérieures évite toute impression de monotonie. Des passerelles couvertes relient les différents éléments entre eux.

Par la forme qu'il choisit de donner à l'ensemble du site, Gropius cherchait à renouer avec le genre de la tradition du campus de Harvard. Or, rompant par son aspect extérieur éminemment moderne avec la tradition architecturale historiciste héritée des modèles anglais, le Graduate Center fit sensation. Gropius se justifia, en 1949, dans un article rédigé pour le *New York Times*, qui s'achève sur cette déclaration-programme : « Nous ne pouvons pas indéfiniment chercher à faire revivre ce qui a été. Aucun style des époques antérieures n'est en mesure de rendre compte de la vie des hommes du 20ᵉ siècle. Dans l'art de l'architecture, rien n'est définitif, tout n'est que transformation permanente. »

Au moment où il commençait à travailler aux projets du Graduate Center, Gropius venait d'effectuer un voyage bouleversant. Au cours de l'été 1947, il était retourné dans son pays d'origine en qualité d'expert invité, conseiller du gouverneur militaire des États-Unis, Lucius D. Clay. Il se rendit à Berlin, Francfort, Brême, Hanovre, Wiesbaden, Stuttgart et Munich, mais il ne put aller sur les lieux où il avait œuvré dans le passé, c'est-à-dire à Dessau et Weimar, situées dans la zone d'occupation soviétique. Les impressions qu'il recueillit en parcourant les villes détruites et au travers des conversations échangées avec des amis restés en Allemagne, comme Hans Scharoun, Gerhard Marcks ou Hinnerk Scheper, le déprimèrent profondément. « Berlin n'existe plus ! C'est un cadavre en décomposition ! Impossible à décrire. Les gens sont accablés, amers, désespérés. » Citoyen américain depuis 1944, Gropius avait abandonné l'idée d'un retour définitif en Allemagne. Ses impressions étaient « écrasantes », son appréciation de la situation et sa vision de l'avenir très sombres.

**Vue partielle**
Des passerelles couvertes relient les différents bâtiments qui abritent le foyer étudiant.

# 1955 – 1957 ▸ Ensemble d'immeubles

présenté à l'« Interbau », Exposition internationale
d'architecture, 1957 ▸ Händelallee, Hansaviertel, Berlin

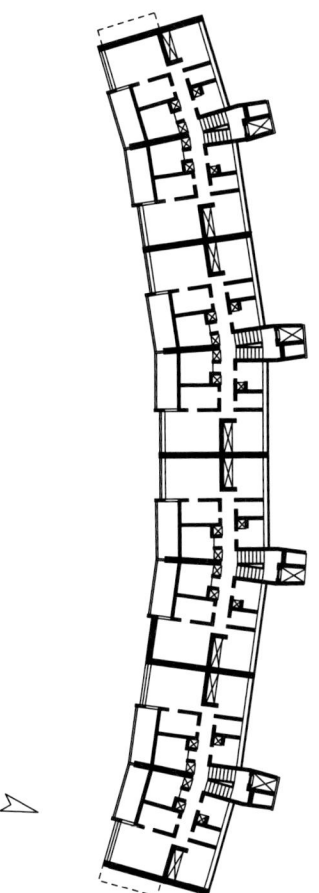

**Vue en plan d'un étage de logement**

**Vue extérieure de l'immeuble**
La façade de forme légèrement concave avec ses
rangées de deux balcons juxtaposés caractérise
l'effet plastique de la construction.

Même dans son ancienne patrie, Gropius put réaliser, après la guerre, plusieurs projets d'envergure. La jeune République fédérale multipliait les efforts pour intégrer dans le contexte culturel occidental ce que l'Allemagne faisait en matière d'architecture. Les protagonistes de la « modernité classique », dont la carrière avait été cruellement étouffée en Allemagne après 1933, ressentirent cette sollicitation comme une sorte de réparation historique, et à la fois, comme un sésame leur ouvrant à nouveau les portes de la scène internationale, tandis qu'en RDA, du moins dans les années 1950, où l'on prenait ses distances par rapport à ce que l'on qualifiait de « formalisme occidental », on ne chercha pas à renouer avec la modernité internationale en pleine évolution.

L'*Internationale Bauausstellung Berlin 1957* (Exposition internationale d'architecture, en abrégé *Interbau*), qui eut lieu en 1957 dans le *Hansaviertel*, un quartier situé dans la partie ouest de Berlin, joua dans ce contexte un rôle de propagande majeur. Outre de nombreux représentants de la modernité venus du monde entier, des architectes comme Wassili Luckhardt, Paul Baumgarten ou Egon Eiermann présentèrent également des projets. Gropius et son TAC furent aussi sollicités pour l'élaboration d'un projet d'immeubles sur un terrain engazonné.

L'ensemble de huit étages se compose de quatre unités de logements individuels qui sont alignés le long d'une base légèrement incurvée. Gropius et son collaborateur, Norman Fletcher, adaptèrent à la construction des plans déjà utilisés dans les années 1920 à Karlsruhe-Dammerstock ou à Siemensstadt près de Berlin. Ce que ce bloc a de particulièrement frappant, c'est la configuration de la façade sud qui constitue le point de mire du quartier. Si le soubassement concave de la maison confère aux grandes baies vitrées de la façade sud un mouvement dynamique, les balcons, accolés les uns aux autres, achèvent de donner vie à la façade. Le bloc d'habitations conçu par le TAC souleva de vives critiques parmi les contemporains et l'historien d'art spécialisé en architecture, Nikolaus Pevsner, reprocha notamment à la conception de se complaire dans un formalisme au détriment des plans de construction.

Ce projet symbolisait pourtant le retour de Gropius dans l'histoire de l'architecture de l'Allemagne de l'Ouest après la guerre. Sans jamais abandonner son activité aux États-Unis, Gropius intervint en Allemagne, dans les années qui suivirent l'*Interbau*, par différents projets de constructions et diverses expertises. Le TAC et lui firent notamment parler d'eux à Berlin dans le cadre d'un projet de construction au sud de Berlin, élaboré à partir de 1960, d'une ville satellite, aujourd'hui appelée « Gropiusstadt ». Avec sa structure ouverte, ses trois tours solitaires et son esthétique de construction en éléments standardisés, cette cité, construite entre 1963 et 1973 et vivement critiquée par la suite, constitue l'illustration parfaite des tendances et des problèmes que la modernité tardive rencontra dans le domaine de la construction urbaine.

# 1958 – 1963 ▸ Pan Am Building
## Park Avenue, New York

**Lobby du Pan Am Building**

Les travaux pour l'édification, sur Park Avenue à New York, du bâtiment administratif de la compagnie aérienne Pan American Airways, l'actuel Met Life Building, s'étalèrent entre 1958 et 1963. Aussi spectaculaire que problématique, tant du point de vue esthétique que du point de vue de l'urbanisme, ce projet était le fruit de la coopération des architectes Emery Roth, Pietro Belluschi et du TAC. Ils conçurent le gratte-ciel de 49 étages, tout en murs-rideaux, avec ses façades biseautées sur les côtés et sa structure horizontale très prononcée, comme un objet design chic des années 1950. Gropius eut beau avancer des arguments d'ordre fonctionnel pour justifier la disposition du plan, elle n'en demeurait pas moins considérée comme une extravagance. L'édifice s'élève au-dessus de Grand Central Station, derrière le New York General Building qui avait été construit dès 1929 dans l'axe de Park Avenue. Sur l'intervention de Gropius, on abandonna le projet initial d'ériger le nouveau bâtiment avec ses pans étroits dans l'axe optique de la rue pour préserver la vue sur Park Avenue. Ainsi, le Pan Am Building donne l'impression d'être le point de vue dominant sur Park Avenue mais, précisément pour cette raison, il représente en même temps le terme de l'alignement de la rue.

En raison de son positionnement dans le paysage urbain mais aussi à cause de son aspect esthétique qui manifestait clairement certaines des caractéristiques en vogue à cette époque, le projet fut très contesté au moment de sa conception et lors de sa construction. Même d'anciens collaborateurs de Gropius, comme Bruno Zevi, ou Philip Johnson, critiquèrent violemment le bâtiment et portèrent durablement atteinte à la réputation de l'architecte. Gropius chercha à se justifier en soulignant que son intervention répondait de manière adéquate au problème d'une « organisation en mutation de l'échelle des grands bâtiments dans les villes ». Son objet serait moins de s'inscrire dans l'histoire de Park Avenue que de constituer pour le futur une référence pour la nouvelle échelle de l'urbanisme moderne à New York. Les débats autour de la construction de la tour Pan Am et de l'accueil qui lui fut réservé illustrent parfaitement la crise internationale très nette que traversait la modernité en matière d'urbanisme ; par la suite, le mouvement moderne en architecture plaça au premier rang de ses préoccupations des thèmes comme l'urbanisme, la prise de conscience d'une différenciation historique et l'inscription consciente de bâtiments nouveaux dans le contexte urbanistique.

**Vue en plan du 9ᵉ au 22ᵉ étage**

**Vue aérienne du bâtiment avec la piste d'atterrissage pour hélicoptères sur le toit**

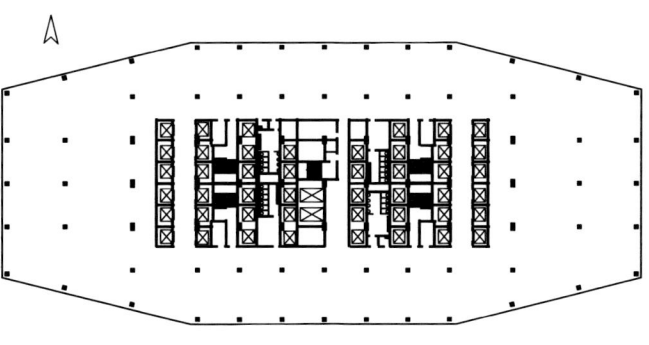

# 1967 – 1970 ▸ Verrerie Thomas
## Rosenthalstraße, Amberg

**Dans la halle centrale de l'usine sont installés les fours à verre**
La photo rend compte du caractère quasi « sacré » de l'espace pensé comme la paraphrase d'une « cathédrale du travail ».

C'est en République fédérale d'Allemagne que Gropius rencontra l'un de ses derniers grands promoteurs. Une fois de plus, il s'agissait d'un industriel qui désigna l'architecte pour la construction de sites industriels et le développement de quartiers résidentiels. Entre 1965 et 1967, Philip Rosenthal, propriétaire d'une usine de porcelaine du même nom à Selb en Bavière, fit ériger une nouvelle usine d'après les plans du TAC. Sur un plan de 10 m², son ossature en béton armé, avec des éléments standardisés, devait permettre des travaux ultérieurs de réorganisation et d'agrandissement. À l'intersection des axes principaux du site, on construisit une serre en verre dont l'exotisme botanique devait constituer un contraste frappant avec les halles de l'usine. Outre ce projet, Rosenthal aida Gropius en 1967 à développer un important projet pour le centre-ville de Selb, projet qui ne se réalisa finalement jamais.

Enfin, entre 1967 et 1970, Gropius et Alexander Cvijanovic du TAC réalisèrent à Amberg en Bavière, toujours pour Rosenthal, une verrerie et une série de logements destinés aux employés de l'usine. De forme rectangulaire, le complexe de l'usine est dominé par une silhouette triangulaire impressionnante qui s'élève depuis la partie centrale au-dessus d'un bâtiment à toit en terrasse. Par cette touche stylistique, la division fonctionnelle de l'usine dans la longueur, selon des « nefs » parallèles, est clairement distincte de l'extérieur. Les extrémités du bâtiment, c'est-à-dire les entrepôts, occupent les zones latérales, tandis que les fours à verre se trouvent dans la halle centrale. La construction en béton apparent est visible de l'extérieur, essentiellement grâce aux portants du plafond de la halle assemblés en triangles, et acquiert ainsi une valeur esthétique propre. Des lamelles de béton, devant protéger du soleil, alternent le long des poutres du toit avec de minces pans vitrés, ce qui, avec les ailes du pignon totalement vitrées, confère à la grande forme une légèreté certaine.

La verrerie d'Amberg illustre une fois de plus la tendance prononcée à la configuration formelle et à la prédominance de la représentativité qui n'ont cessé de caractériser les travaux du TAC et se distingue nettement de l'esthétique rationnelle et objective des premiers travaux de Gropius dans l'esprit de l'usine Fagus. En même temps, la configuration, issue de considérations relatives à sa fonctionnalité, est convaincante et incarne, avec sa forme originale et l'accent mis sur le matériau, les motifs centraux de l'esthétique de la modernité architecturale.

**Vue d'ensemble**

**Vue extérieure de la halle d'usine centrale**

# 1976 – 1979 ▸ Archives du Bauhaus
## Klingelhöferstraße, Berlin

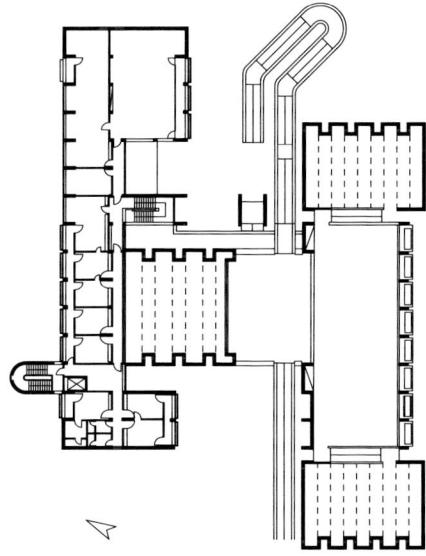

**Vue en plan**

L'un des derniers projets de la carrière de l'architecte Walter Gropius fut le projet d'un bâtiment d'archives destiné à abriter la documentation de l'histoire du Bauhaus. On a eu raison de le considérer comme l'œuvre testamentaire de l'architecte qui avait plus de 80 ans lorsqu'il élabora ce projet d'un lieu d'étude scientifique consacré au Bauhaus, plus de quarante ans après la fondation d'une école qui avait été la partie la plus significative de toute son œuvre.

Hans Maria Wingler, responsable de la constitution des archives du Bauhaus, avait fondé l'institut en 1960, à Darmstadt, et poursuivait depuis le projet architectural d'un bâtiment d'archives. Gropius, à qui le projet fut soumis, se déclara disposé à en élaborer les plans. Dans le cadre d'un projet collectif réunissant Wils Ebert, Gropius, Alexander Cvijanovic et Louis McMillen, l'idée de la construction d'un musée fut développée entre 1964 et 1968. Situé à Darmstadt, le terrain à bâtir était en pente, de sorte qu'il fallut penser l'ensemble selon une structure en escaliers qui s'étendait de haut en bas en deux ailes parallèles. De vastes ouvertures zénithales et d'impressionnants sheds orientés vers le nord, de même qu'une rampe menant à un toit en terrasse, dominaient la composition.

Gropius, qui mourut le 5 juillet 1969, vénéré de tous et couvert de distinctions pour l'ensemble de son œuvre, ne vit donc pas la construction des archives du Bauhaus. Pour des raisons financières, les archives furent transférées à Berlin (Ouest) en 1970. De 1976 à 1979, Cvijanovic et l'architecte berlinois Hans Bandel finirent par y construire le bâtiment du musée, en se référant aux structures de base du modèle élaboré à Darmstadt. Contrairement au terrain prévu à Darmstadt, le nouveau site mis à la disposition des archives par le Land de Berlin, à proximité du canal Landwehr dans le quartier du Tiergarten, était plat. Il fallut repenser de fond en comble le nouveau projet, ce qui aboutit, entre autres, à retourner le complexe de 180 degrés et à orienter différemment les sheds. Par ailleurs, et à la différence de ce qui était prévu dans le schéma d'origine, on ajouta à la construction de Berlin une façade constituée d'éléments préfabriqués dont les joints caractérisaient l'impression d'ensemble. Par respect pour la mémoire de Gropius, Cvijanovic tenait, avec la différenciation des différents corps de bâtiments, le motif de la rampe et les sheds, à conserver les structures formelles qui caractérisaient le modèle initial. Dans la réalisation finale, la rampe d'accès qui mène au premier étage scinde le bâtiment plus qu'il ne l'ouvre et confère à l'ensemble un caractère formaliste. D'un autre côté, la structure bipartite du complexe s'en trouve ainsi soulignée et renvoie à la division en différentes zones – zone d'expositions (en l'occurrence, il s'agit d'expositions temporaires) et zone réservée à l'administration et aux archives.

Dans l'ensemble, le bâtiment des archives synthétise les contradictions entre, d'un côté, la logique de configuration fonctionnelle et, de l'autre, l'importance attribuée à certains motifs représentatifs, et incarne donc de manière exemplaire l'œuvre tardive de Walter Gropius et du TAC, en même temps qu'il illustre la tendance générale de la modernité architecturale tardive.

**Façade vue de l'est, avec les sheds caractéristiques**

# Vie et œuvre

**Walter Gropius avec de jeunes collègues du TAC**
*(The Architects Collaborative)*
La photo a été prise vers 1950 devant le Harvard Graduate Center conçu par le TAC.

**18 mai 1883** ► Naissance à Berlin. Il est le fils de Walter Gropius, fonctionnaire à la préfecture de police comme conseiller en bâtiment, et de son épouse Manon.

**1903 – 1907** ► Études d'architecture à l'École technique supérieure de Munich et celle de Berlin-Charlottenbourg, interrompues par son service militaire à Hambourg.

**1907** ► Il quitte l'École technique supérieure sans diplôme. Commencées avant l'interruption de ses études, premières réalisations d'habitations rurales pour des parents et connaissances en Poméranie.

**1907/08** ► Voyage en Espagne. Il y fait la connaissance du mécène Karl Ernst Osthaus, originaire de Hagen.

**1908 – 1910** ► Grâce à la recommandation d'Osthaus, il entre comme assistant dans le cabinet du célèbre architecte et designer berlinois, Peter Behrens.

**1910** ► Il ouvre, avec son collaborateur Adolf Meyer, son premier bureau d'architecture à Potsdam-Neubabelsberg. Il fait la connaissance d'Alma Mahler, épouse du compositeur Gustav Mahler.

**1911 – 1925** ► Première grande mission architecturale : une usine d'embauchoirs à Alfeld.

**1914** ► Bureaux et usines présentés lors de l'exposition du *Werkbund* à Cologne.

**1914 – 1918** ► Il prend part à la Première Guerre mondiale, notamment comme directeur d'une école de moyens de transmission.

**1915** ► Il épouse Alma Mahler. Naissance, l'année suivante, de leur fille Alma Manon.

**1918** ► Après la guerre, il devient membre fondateur du *Arbeitsrat für Kunst* (Conseil de travail pour l'art) à Berlin.

**1919** ► Il est nommé directeur de la *Hochschule für bildende Kunst* (Académie des arts figuratifs) et de la *Kunstgewerbeschule* (École des arts décoratifs) réunies sous le nom de *Staatliches Bauhaus in Weimar*. Bureau à Weimar avec Adolf Meyer comme directeur.

**1920** ► Il divorce d'Alma Mahler.

**1920/21** ► Résidence Sommerfeld, Berlin.

**1920 – 1922** ► Monument pour les victimes du putsch de mars 1920 à Weimar.

**1922** ► Concours pour la Chicago Tribune Tower.

**1923** ► Mariage avec Ilse (Ise) Frank, fille d'un industriel de Hanovre. Rend visite à Le Corbusier à Paris.

**1924** ► Résidence Auerbach à Iéna.

**1924** ► Attaques politiques contre le Bauhaus. Le Parlement régional de Thuringe réduit ses subventions.

**1925** ► Le Bauhaus est transféré à
Dessau. Gropius ouvre un cabinet
à Dessau avec Ernst Neufert comme
directeur.

**1925/26** ► Ateliers du Bauhaus,
Dessau. Maisons des Maîtres du
Bauhaus, Dessau.

**1926 – 1928** ► Cité Dessau-Törten.

**1927** ► Théâtre total, projet.

**1927 – 1929** ► Office du travail, Dessau.

**1928** ► Gropius quitte la direction
du Bauhaus. Hannes Meyer lui
succède. Fonde son propre bureau
à Berlin. Séjour de plusieurs mois
aux États-Unis.

**1928/29** ► Cité Dammerstock,
Karlsruhe.

**1929/30** ► Cité Siemensstadt, Berlin.

**1930** ► Vice-président des CIAM
(Congrès internationaux d'architecture
moderne).

**1932** ► Le Bauhaus, dirigé depuis 1930
par Ludwig Mies van der Rohe, est fermé
à Dessau sur ordre du NSDAP (Parti
national-socialiste) et transféré à Berlin,
où il est définitivement dissous en 1933.

**1934** ► Section des « Métaux non
ferreux » pour l'exposition *Deutsches
Volk – Deutsche Arbeit* à Berlin.

**1934** ► Les autorités allemandes
autorisent Gropius à partir pour l'Angleterre, où il ouvre, à Londres, un cabinet
d'architecture avec Maxwell Fry.

**1937** ► Est nommé professeur d'architecture à la Graduate School of Design de l'Université Harvard à Cambridge (Massachusetts).

**1938** ► Directeur du département d'architecture à Harvard. Engage un travail en partenariat avec l'ancien architecte Marcel Breuer (jusqu'en 1941).

**1938** ► Maison de Gropius à Lincoln (Massachusetts).

**1944** ► Devient citoyen américain.

**1945** ► Il fonde, avec de jeunes architectes américains, *The Architects Collaborative* (TAC).

**1947** ► Effectue un voyage en Allemagne sur ordre de l'administration militaire américaine.

**1948 – 1950** ► Graduate Center de l'Université Harvard à Cambridge (Massachusetts).

**1948 – 1950** ► Président des CIAM.

**1952** ► Il devient professeur émérite à Harvard.

**1955** ► Il participe à Ulm à l'inauguration de la *Hochschule für Gestaltung* (École supérieure de design) qui s'inscrit dans la lignée du Bauhaus.

**1955 – 1957** ► Bloc d'immeubles présenté à l'Exposition internationale d'architecture *(Interbau)* à Berlin.

**1958 – 1963** ► Pan Am Building à New York.

**1967 – 1970** ► Verrerie Thomas à Amberg.

**5 juillet 1969** ► Il meurt à Boston (Massachusetts).

**1976 – 1979** ► Bâtiment des archives du Bauhaus à Berlin. D'après les plans de Gropius, modifiés par Alexander Cvijanovic.

# Allemagne

**Alfeld an der Leine**
Usine Fagus

**Amberg**
Verrerie Thomas

**Berlin**
Archives du Bauhaus
Cité Siemensstadt
Ensemble d'immeubles à l'*Interbau*,
    Exposition internationale d'architecture 1957
Section des « Métaux non ferreux »,
    exposition *Deutsches Volk – Deutsche Arbeit*
Villa Sommerfeld

**Dessau**
Bâtiment du Bauhaus
Cité Törten
Maisons des Maîtres du Bauhaus
Office du travail

**Jena (Iéna)**
Villa Auerbach

**Karlsruhe**
Cité Dammerstock

**Köln (Cologne)**
Bureaux et usines, exposition du *Werkbund*

**Weimar**
Monument à la mémoire des victimes du
    putsch de mars 1920

# États-Unis

**Chicago, Illinois**
Chicago Tribune Tower ▸ Concours à Chicago

**Cambridge, Massachusetts**
Graduate Centre ▸ Harvard University

**Lincoln, Massachusetts**
Maison Gropius

**New York, New York**
Building de la Pan Am

# Bibliographie

▶ Fiedler, Jeanine/Feierabend, Peter (éd.) :
*Bauhaus*. Cologne 1999.

▶ Giedion, Siegfried : *Walter Gropius.
Mensch und Werk*. Stuttgart 1954.

▶ Gropius, Walter : *Conception et Construction
du Bauhaus d'État de Weimar*. Munich 1923.

▶ Gropius, Walter : *Internationale Architektur*
(Bauhausbücher 1). Munich 1925
(Reproduction Mayence 1981).

▶ Gropius, Walter : *Bauhausbauten Dessau*.
Munich 1930 (Reproduction Mayence 1974).

▶ Gropius, Walter : *Apollo in der Demokratie*.
Mayence/Berlin 1967.

▶ Harkness, John (éd.) : *The Work of
The Architects Collaborative 1945 – 1969*.
New York/Londres 1991.

▶ Isaacs, Reginald R. : *Walter Gropius. Der Mensch
und sein Werk*. 2 vol. Berlin 1983 – 1984.

▶ Jaeggi, Annemarie : *Adolf Meyer. Der zweite
Mann. Ein Architekt im Schatten von Walter
Gropius*. Berlin 1994 (Kat. Bauhaus-Archiv Berlin).

▶ Kentgens-Craig, Margret/Stiftung Bauhaus
Dessau (éd.) : *Das Bauhausgebäude Dessau
1926 – 1999*. Bâle/Berlin/Boston 1998.

▶ Michels, Norbert (éd.) : *Architektur und Kunst.
Das Meisterhaus Kandinsky-Klee in Dessau*.
Leipzig 2000 (Kat. Anhaltische Gemäldegalerie
Dessau 8).

▶ Nerdinger, Winfried : *Walter Gropius.
Zeichnungen, Pläne, Fotos, Werkverzeichnis*.
Berlin 1985. (Kat. Bauhaus-Archiv Berlin/
Busch-Reisinger-Museum Cambridge,
Massachusetts).

▶ Probst, Hartmut/Schädlich, Christian :
*Walter Gropius. Der Architekt und Theoretiker*.
3 volumes. Berlin 1986 – 1988.

▶ Wilhelm, Karin : *Walter Gropius.
Industriearchitekt*. Braunschweig/Wiesbaden 1983.

▶ Wingler, Hans Maria : *Das Bauhaus 1919 – 1933
– Weimar, Dessau, Berlin*. Cologne 1962.

▶ Winkler, Klaus-Jürgen : *Die Architektur am
Bauhaus in Weimar*. Berlin 1993.

# Crédits photographiques

**Les auteurs :**

Gilbert Lupfer a étudié l'histoire de l'art, l'histoire
et la romanistique, et suivi des études culturelles
à l'université de Tübingen ainsi qu'à l'université
libre de Berlin.

Paul Sigel a étudié l'histoire de l'art et la
littérature allemande à l'université de Tübingen.
Tous deux sont professeurs à l'université
technique de Dresde.

**L'éditeur :**

Peter Gössel dirige une agence de design pour
les musées et les expositions. Il a publié pour
TASCHEN des monographies consacrées à Julius
Shulman, R. M. Schindler, John Lautner et Richard
Neutra, ainsi que plusieurs titres de la Petite
Collection architecture.